懂得赚人心，才能赚到钱。

做人要有本心本事。

有良心才有好回报。

企业缺什么都不能缺德。

没有污染的企业，只有污染的老板。

以德处人，适当用人，用心留人。

叶德林

2016.5.20

叶德林担任的主要社会职务与荣誉

全国工商联执委
中国建筑材料联合会副会长
中国建筑卫生陶瓷协会副会长
中国陶瓷工业协会副理事长
中国建筑卫生陶瓷专业委员会会长
广东省工商联常委
广东省建筑材料行业协会副会长
广东陶瓷协会副会长
佛山市工商业联合会（总商会）主席
佛山市人大代表
佛山市政协常委
中国陶瓷行业杰出企业家
全国建材行业劳动模范
全国建材行业改革开放三十年代表人物
第四届全国乡镇企业家
中国环境保护优秀企业家
广东省优秀民营企业家
广东省优秀中国特色社会主义事业建设者
十大新粤商

◎ 2011 年年末，叶德林（左）当选佛山市工商业联合会执委会主席

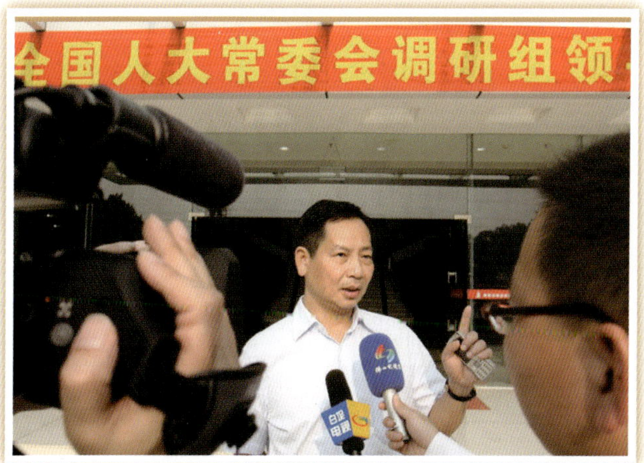

◎全国人大常委会调研组在新明珠集团调研时，叶德林接受媒体记者采访

◎“新明珠是我们期待的合作伙伴”。2014 年 9 月 22 日，吉尔吉斯斯坦奥什州州长考察新明珠

◎“智慧佛山，携手发展，和谐共赢”。叶德林（右二）与企业家在第七届佛山企业“两会”换届选举暨第四届佛山市企业家活动日

◎ 首届中国建材品牌发展联盟主席叶德林

◎ 2016 年 3 月 23 日，叶德林当选南庄陶瓷产业促进会第一届理事会会长

◎ 2012年年末，叶德林组织佛山市工商联（总商会）发起诚信倡议书签名活动：倡议全体会员积极配合、支持“社会信用体系建设”工作，发扬中华民族“诚信、笃实”的美德，遵循市场规则，与同行保持良好的合作与竞争

◎ 2012年3月2日，叶德林陪同佛山市委领导在新明珠集团调研

◎ 2012 年 5 月 7 日，叶德林陪同佛山市政府领导在新明珠集团调研

◎ 2015 年 6 月 2 日，叶德林陪同中国建筑卫生陶瓷协会会长叶向阳（右）在新明珠丽珀卫浴上海厨卫展览会上

◎ 2011 年 11 月 17 日，叶德林陪同中国建筑材料联合会会长乔龙德（中）在新明珠集团调研

◎ 2013 年 2 月 28 日，叶德林（左二）、叶永楷（右一）陪同广东省工商联领导在新明珠集团调研

◎叶德林（左四）与叶永楷（左五）陪同客人参观新明珠陶瓷生产车间

◎ 叶德林在意大利博洛尼亚展会上与外商在一起

◎新明珠集团大举挺进智能整体卫浴市场——2014 年 11 月 19 日，丽珀卫浴品牌全球发布会暨开业典礼隆重举行

◎“德领中国，以球会友”。叶德林（前排左五）在“冠珠杯”地产精英高尔夫球友谊赛上

◎叶德林领导下的新明珠企业，成了一个地方的旅游名胜景点，成为代表一个城市经济发展的名片

◎佛山市政府领导向新明珠陶瓷集团董事长叶德林赠送纪念品，对新明珠集团支持赞助佛山市龙舟大赛活动表示感谢

◎ 2015 年 5 月 21 日，叶德林出席第十二届中国国际中小企业博览会智慧建材与家居展新闻发布会

◎新明珠集团荣获“广东省优秀企业”称号

◎叶德林荣获传媒推崇领军企业家奖

◎ 2011 年 4 月 19 日，中国建材联合会四届十一次理事会授予新明珠集团“靠新出强优秀企业”称号

◎叶德林积极参与南庄“赠花留香，善落万家”慈善捐款活动，即席挥毫，题赠三幅书法颂德扬善，还与南庄悦秀会何会长合唱粤曲《花好月圆》，一曲筹得8万元善款

◎叶德林当选第十六届亚洲运动会火炬手，和家人在新明珠集团庆祝

以德为本立业立功的典范　　中国大商做人做事的榜样

德高行远

DEGAOXINGYUAN

黄康俊◎著

中国德商叶德林

经济管理出版社
ECONOMY & MANAGEMENT PUBLISHING HOUSE

图书在版编目（CIP）数据

德高行远——中国德商叶德林/黄康俊著. —北京：经济管理出版社，2016.8
ISBN 978-7-5096-4439-3

Ⅰ.①德… Ⅱ.①黄… Ⅲ.①叶德林—生平事迹 Ⅳ.①K825.38

中国版本图书馆 CIP 数据核字（2016）第 123890 号

策划编辑：勇　生
责任编辑：勇　生　王　聪
责任印制：黄章平
责任校对：超　凡

出版发行：经济管理出版社
（北京市海淀区北蜂窝 8 号中雅大厦 A 座 11 层　100038）
网　　址：www. E-mp. com. cn
电　　话：（010）51915602
印　　刷：三河延风印装有限公司
经　　销：新华书店
开　　本：720mm×1000mm/16
印　　张：14
字　　数：133 千字
版　　次：2016 年 8 月第 1 版　2016 年 8 月第 1 次印刷
书　　号：ISBN 978-7-5096-4439-3
定　　价：58.00 元

谨以此书

向叶德林先生 60 载事业人生致庆

Introduction
引　子
以德商为荣，向德商致敬

时代呼唤德商，社会需要德商，人民推崇德商！

人类生存最美好的境界，就是德商境界。这是人类在“肉体”和“灵魂”中最富足完美的生存状态。

德商，是指在从事商务活动中，既有德者的高洁品行和理想，又有商家严正经营之道的结合者，是德者的楷模、商界的精英，其注重个人修身养德，诚信守义，善于合作，富有责任感，有超功利的人生价值，有远大的抱负和忧患的意识，有对民族复兴的崇高使命，穷则独善其身，达则兼济天下。

改革开放 30 多年来，我国涌现出一批批成功的商界人物，但更多的只是“商人”，却成不了“德商”，很多商者或半路夭折，或只领“风骚”三五年，究其原因，除了受企业生存发展环境影响，更重要的是与商者本人的德行品格有关：有的商者心术不正，见利忘义，唯利是图，不择手段，贪欲无度，人性缺失；有的小富即安，没有长远眼光，造假制劣，偷乞拐骗，不讲诚信，致使企业很快滑向没落。归根结底，企业领导者的德行品格，对企业的兴衰起着决定性作用！

美国《华尔街日报》对782 名大型企业领导者做过一次调查，

结果表明，领导者取得成功的三种最重要因素是正直、勤奋和与人相处的能力。美国普林斯顿大学W.J.鲍莫尔教授提出了作为一个领导应具备的10个条件：合作精神、决策能力、组织能力、精于授权、善于应变、敢于负责、敢担风险、敢于创新、尊重他人以及品德高尚。而在10个条件中，特意强调“品德高尚”，其因素超过半数。这表明企业领导者的影响力主要来源于非权力性的四个要素，即品德、能力、知识、感情，但最不可缺失的是品德，因为领导者在其他方面的某些不足可以通过他人来弥补，如知识缺陷，可聘请顾问或成立智囊团，而品德则不能由别人来弥补，品德具有不可替代性，品德比智慧、能力更重要，更高一个层次。在我国先贤许多精辟的论述中，品德更是一个领导者的核心素质，“仁、义、礼、智、信”五者兼备，方称“德者”。《资治通鉴》中司马光说：“德者，才之帅也。”德是统帅才的，是统管人的一切的。万事皆有序，以德为先，以德为大，德是正道。

眼下，在这个物欲横流的商品经济时代，世界物质发展已到了有史以来的最巅峰，然而我们的幸福指数却并未随之上升多少，究其根源是人的欲望在膨胀，道德在下滑。尤其是对于从事商务活动者来说，立德和守德就显得更加重要，所以温家宝说：“企业家的身上一定要流淌着道德的血液。”因而，人们更看重企业家的道德、品行，人无德不立，国无德不兴。德行好则得人道，人道好则出路多，出路多则竞争力强，竞争力强则企业兴，企业兴则国家旺，国家旺则人民幸福。

这都是德行的力量！

所以，我们极力“尚德”；所以，我们热切呼唤“德商”！

在这里，我们郑重推崇一位民族德商——叶德林。

德高望重的叶德林，为中国新粤商领袖人物之一，现担任佛山市工商业联合会（总商会）主席、中国建筑材料联合会副会长、广东新明珠陶瓷集团董事长。在从事40多年的商务活动中，叶德林坚守本心，诚诚恳恳做人，踏踏实实做事，其高尚正直的品德和人格，正大光明的经营观和合理合法的价值观，深刻地浸润着广东新明珠陶瓷集团（以下简称“新明珠”）的每一个细胞和每一根微细血管，从而塑造出一个良好的“德商团队”典范。他带领着这支优秀的德商团队，“以德修身，以德兴企”，把“新明珠”创建成目前世界上规模最大的建陶企业，年产墙地砖量超过2亿平方米，相当于新中国成立前总产量的1.5万倍，旗下产品拥有5个中国驰名商标，4个中国500强最具价值品牌，14个国家、省级名牌产品，并把产业拓展到房地产、酒店、红酒、金融及高尔夫运动等领域，成为中国陶瓷产业链的领跑者，成为发展和振兴民族产业的榜样，树立起一个民族企业的标杆。

其实，人们看好的还是叶德林这个人，几乎所有人都喜欢把叶德林叫做“德叔”，叫“德叔”是尊称，但也是名副其实，他确实是一个有德之人，有德之人又被称为有好品格之人，其具有诚实、厚道、宽容、正义、谦虚、公平、慈爱及乐善等美德，而这样的美德都集叶德林于一身，他带着这样的美德行走在自己的事业人生路上，始终秉承“立世德为先”的理念，坚守住自己的品德和情操，坚守住做人的良知和底线，坚持走正

图 0–1 “新明珠是我们期待的合作伙伴”。2014 年 9 月 22 日，吉尔吉斯斯坦奥什州州长考察新明珠

图 0–2 2010 年 9 月 5 日，在肇庆中秋经贸洽谈会上，广东省省长黄华华与叶德林亲切交谈

道、人道，德聚以世，利聚以时，成为一个代表我们民族事业人生的经典范本。

他有很多富有感染人心的诺言和心声，而他是这样说也是这样做的，甚至做了也不说，譬如“万事德为本，做人德为先”，“做人要有本心本事”，“企业缺什么都不能缺德”，“没有污染的企业，只有污染的老板”，“有良心才有好回报”，“懂得赚人心，才能赚到钱”，“以德取人，适岗用人，用心留人”，“同行是友国，对手是联手”，“谋利先谋义，利义才共生”，“把诚信当企业心脏看待”，“让合伙人有钱赚的生意才做”，“用真诚换取顾客忠诚”，“让员工以德报德才是‘得’”，“做企业就是做责任做义务”等，“做有德之人，行有德之事”，为自己、为大众、为社会树立了一个德商的鲜活典范，被授予“广东省优秀中国特色社会主义事业建设者”和“广东省优秀民营企业家”，新明珠也因此成为“广东省非公有制经济组织践行社会主义核心价值观示范点”。

他是一个拥有20000多名员工的民营企业领导，他以最本真的仁义慈爱之心，用一种近乎骨肉之情，像传统美德的父亲疼爱和善待自己孩子那样对待每一位员工，悉心关怀、爱护、包容和培养这些来自五湖四海的“同事”，不惜为这个大家庭所有成员提供、创造各种适合发展和成长的平台，让每个人都能体现出做人的尊严和价值，尽心尽力为大家遮风挡雨，情暖为怀，无微不至，善始善终。他做20多年企业没“炒”过一名员工，没骂过一次员工，没欠过员工一次工资；凡进入新明珠企业做事的，将享受到叶氏特有的物质和精神世界带来的种种福祉，这也是新明珠人一直感到自豪、为之感恩，并乐意与企业同甘共苦的原因。在这个企业里，有来自全国除西藏和中国台湾之外的从业者，而一个家庭有多个成员或多个亲戚一起“挤”进来的则是常事，大家都有一个相同的说法，那就是“我们老板好”。叶德林以自己春风化雨般的优秀品德，让企业“人与人之间成为一种爱的循环”，企业爱员工，员工爱企业，企业爱国家，这种爱的循环是一种“善念”，拉近了人心，产生了无穷动力，它不仅是敬业爱岗的职业道德，更是最紧密涉及人与人之间平等关系的天性道德，是具有普遍适用性和基础性的价值观，从而使企业所有成员潜移默化，自然成之，立己立人，达己达人，把新明珠打造成一个充满良心善念、敬业担当、互爱互助、孝亲感恩和积极向上的和谐大家庭。新明珠陶瓷集团因此被广东省树为“广东省模范职工之家”，叶德林则被广东省总工会授予“广东省优秀职工之友”称号。

叶德林用最本色的人品对待每一个人。他说：“我做企业要做到‘四满意’：客户满意、员工满意、合作者满意、政府满意”，“要做有良心的企业”，“对人民有益的生意才做”，“无饭开也不玩‘空手道’”，绝不生产一块“黑心砖”。20 多年来，为获得客户的最大满意，叶德林带领新明珠团队用心良苦地提供物超所值的好产品，创造了分享大爱的“公益营销”的利众方式，诚心诚意为客户提供全程超值服务，将最大化福利播撒给每一个用上新明珠品牌的消费者，为本民族行业树立了一个有良心、讲诚信、守名誉的企业样板。新明珠企业连续十多年被授予“广东省诚信示范企业”荣誉称号，叶德林也因此荣获

“最受社会尊重企业家”殊荣。

图 0-3　2010 年 11 月 4 日，第 16 届亚洲运动会圣火传递在佛山举行，叶德林当选火炬手，向沿途群众挥手致意

叶德林与每一个合作者都成为朋友，真诚以待，肝胆相照，取长补短，相得益彰，主张“德不孤，必有邻”，坚信人品好的人、有君子之德的人不会孤单，周围定会聚足人气，受人尊重，被人信赖，大家同心同德把事业做大。所以，他善待五湖四海的同道者，有胸怀、有度量、讲义气、守承诺，多年来始终坚持“让合伙人有钱赚的生意才做”，不争“一枝独秀”，而要“百花齐放”，共赢多赢，在新明珠企业多元互补产业链条聚合

的国内外数百万众“合作者”中，大家一致公认：“跟着新明珠有钱赚，又踏实，又放心，又有面子。”同时，叶德林的德行、德风也感染和影响着每一个与他结缘同行的人，成为新明珠在全国5000多家经销商、500多家供应商效仿的榜样；他带领下的企业家队伍，就已经形成了一个新德商群体形象，很好地践行着社会主义核心价值观，服务和奉献于我国新一轮经济建设的大潮中。

与社会大众相处，叶德林坚持以德立世，明德惟馨，把责任义务、感恩回报作为做人的终身追求。在20世纪90年代，自己的企业还没赚钱的头一年，他就主动承担责任，借款参与社会公益慈善，自此将其当成人生的一项事业对待，自觉自愿担当。叶德林有一段肺腑之言：“和谐社会为善最好，助人最乐，有能力回馈社会最幸福。如果做企业只为自己生活好过，那我20年前就够了，但不能这样呀，你既然做开了，还有这么多人跟你在一起，那就不光是你个人的事了，你得为大家负责，为社会负责，先把企业做好，然后尽一个企业应尽的责任义务，有多大力出多大力。我们虽然做不了什么道德榜样，但我们会尽力往这方面去靠，做有道德的企业，才能得到大家的尊重和社会的承认。所以我讲，做企业就是做责任，做义务。”叶德林血管里流淌的就是“道德的血液”，他德高服众，带着新明珠人做有良心的企业，挣每分钱都是干净钱，在与员工一起分享劳动成果的同时，坚持把物质文明和精神文明回馈社会，福泽百姓，尽到了一个“企业公民”的责任和义务，在全国各地的众多公益慈善活动中，我们都能看到新明珠人留下的热情而忙碌的身影。而在叶德林榜样力量的感召下，新明珠人人人积极主动参与社会公益事业，将新明珠的大爱善念洒遍全国各地，形成了慈善公益常态化，使新明珠企业成为一个带动全体合作伙伴和全体员工造福社会、关爱苍生，最具社会责任感的企业，受到大众尊重和爱戴的企业……

习近平指出："伟大时代呼唤伟大精神，崇高事业需要榜样引领。当前，全国各族人民正在为实现中华民族伟大复兴的中国梦而奋斗。我们要按照党的十八大提出的培育和践行社会主义核心价值观的要求，高度重视和切实加强道德建设，推进社会公德、职业道德、家庭美德、个人品德教育，倡导爱国、敬业、诚信、友善等基本道德规范，培育知荣辱、讲正气、作奉献、促和谐的良好风尚。"我们要崇德向善，积善成德，见贤思齐，做德商，敬德商，让德商成为社会的核心力量，成为中华民族伟大复兴的脊梁。在此，为更好地展示和弘扬德商精神，让我们怀着一份敬仰之情，共同感受叶德林这位当代德商"以德做人，以德立世"的心路历程……

Contents

目　录

第一章

德高行远　基业长青

——新明珠快速成长强大的法门

第一节
“做企业缺什么都不能‘缺德’”

2010 年，叶德林被佛山市企业家推举为佛山市工商联合会（总商会）主席。叶德林为人正直公道，善良谦和，古道热肠，特别有人缘，又乐于助人，加上做企业做得大，社会声誉好，所以大家公认他最有资格当这个“江湖”老大。

在就职会上，这个讷于言、敏于行的实干家，却还是保持自己一向的本色，没有长篇大论，更不夸夸其谈，只是简单直白地表达了自己的心声：“我们做企业，做生意，也是做人；缺钱，缺人手，缺什么都行，就是不能缺德。佛山人，要有佛心禅性，我们要做有良心、有责任的企业……”

熟悉叶德林的人，都知道他很少“指教”他人，平时更多的是用自己的行动来影响身边的人，但既然大家把他推上这个“带头大哥”的位置，他觉得就有义务和大家谈一点自己做人做企业的心得，他一向都是这样要求自己，所谓物以类聚，人以群分，既然大家都是一路人了，大家在一起做人做事，就得志同道合。叶德林最后还说：“每个人来到这世间，头上三尺有神灵，人做了什么事，上天有眼见，做人千万不能缺德，缺德了，

图 1-1　叶德林在当选佛山市总商会会长时表示：“只有思想上同心同德，目标上同心同向，行动上同心同行的企业，才有可能走出 2012 年经济的严冬，迎接下一轮经济的大发展”

图 1-2　“你们是未来佛山经济发展的中坚力量，我代表佛山市委市政府感谢你们。”佛山市委书记李贻伟（中）把佛山市工商联第十三届执委会主席证书颁给叶德林（右）后如是说，“企业家朋友们，今天很开心，工商联本来要求我中午过来参加午宴，我答应了；后来要求我在午宴上致辞，我答应了；后来又要求我十一点参加会议，我也答应了；再后来又要求我参加会议时发言，我还是答应了！工商联的要求‘步步紧逼’，我也步步听从，只要是企业家的合理要求，我都步步听从”

图 1-3　叶德林在佛山市总商会工作会议上

做过分了，就没路走了，所以凡事都要安分守己，这样一世才安乐。我愿意和大家一起走这样的正道……”

平时，这位素来心地善良的老板，也会态度鲜明地表明自己做人的立场，最憎恨那些昧着良心赚钱、坑人害人的黑心商人，也会和伙伴们摆出那些缺德企业的丑，比如什么“瘦肉精肉”、“三聚氰胺奶”、“避孕药鳝鱼”等，抨击那些为了一己私利，不择手段，非法害人性命的做法，认为那都不仅是缺德问题，而是谋财害命问题。

从早年在南庄镇水利所办公司做工程时起，叶德林就不同于一般人从商赚钱的做法，比如当时做工程项目时，有拿“茶水费”吃回扣的行规，他是工程负责人，所以对方那些“懂规矩”的常常会向他开出高额回扣作为条件，还表示在工程材料用料方面可以差一点作为补偿，这样双方都有利可图。但是，每当遇到这样的人时，叶德林总是笑笑就婉拒了，他说别说让我去收这样的钱，就在我知道对方是这样的人后，我即时就看不起他了，我是不会和这样的人做事的，我一旦知道这个人做人是这样，我就“找借口”推掉了，这是我为人的基本原则。所以，叶德林在水利所负责的工程不管是公家的或是私人的，他都绝对不允许什么“吃回扣”、偷工减料、耍小聪明图利的事情发生，他走的是“阳光”路线，做的都是真材实料，按质按量，照合同办事，任何一项工程都经得起考验。

一般人会认为，陶瓷行业是高污染行业，生产过程中的瓷粉尘及窑火的烟雾排放，还有车间废水的排放，会对周边环境造成严重污染。但叶德林早在负责创办南庄镇明珠陶瓷厂时，便摆明要从良心出发，不做损害民众健康的事情，第一个主张保证无污染才做厂。当时，国家和地方有关管理部门，对建陶行业生产还没有制定一个统一的准入证——环保标准，以致各个建筑陶瓷厂治污问题五花八门，难以保障，也让建陶企业无所适从。叶德林认为事在人为，他主动找来佛山市和南海区两级环保部门的一班专家，请他们给出最好的建议。为解决废水排放问题，他还前往高明一家牛仔布印染厂实地参观考察，学习他们的治污经验。南庄镇有关管理干部怕拖延工期，让他按“一般要求，过得去就行”来做，而他却始终十分认真。最后花重金请来南海市环境工程公司，设计承包废水处理工程，采用当时意大利最先进的环保技术——车间废水循环回收系统工艺，创出了国内第一条陶瓷企业治污和综合利用的最佳路子，受到佛山陶瓷行业的欢迎和推广，10 多年来一直是“零投诉”。日后，新明珠拓展了佛山三水、肇庆高要、江西高安三个千亩以上建筑陶瓷产业基地后，叶德林更是把“治污”放在企业第一等大事来做。他在建设佛山三水建陶基地时，严格遵照科学发展观，高度重视环境保护工作，在建设园区之前，就提前落实“环保先行”的规划，首先定位在清洁生产、节能减排方面新明珠要在全球同行中做到最好。他对时任佛山市委书记许下承诺：“我们有信心建设比意大利、西班牙更先进、更能够与现代城市人居环境和谐共处的一个蓝天碧水、绿草红花的生态陶瓷基地。”为此他先后 6 次带队赴意大利、西班牙等国家考察、学习，与国际行业环保最前沿的企业看齐，首先在预算上砍掉了一条生产线的资金投入，前期花了数千万元引进国外最先进的环保系统设备，同时还拨出巨资，让新明珠技术研究中心在此基础上再度改造创新，独创出一套国际节能减排、防污治污综合治理系统工程，并投入 3000 万元绿化美化工业园区，为员工

图 1-4　一河两岸，天清水净，绿树掩映，清幽怡然——新明珠员工之家

和当地民众打造了一方美丽的碧水蓝天，获得了“花园式企业”、“环保模范企业”及“清洁生产企业”等殊荣，成为带领中国陶瓷行业进入“绿色生产”时代的“先行者”，真正实现了叶德林做企业要利国利民、利己利人的承诺。

企业有德，德在于人，但企业缺人，却不能缺德。对于叶德林做企业来说，选择员工，道德水平必须是第一位的，其次才是能力水平。叶德林对此有句名言：“人要有本心本事。”本心是德，本事是才，两者兼备才好，但如果没有本心，也就是缺德，那就宁愿缺人。所以叶德林对人力资源部一再要求：选取员工，必须选有本心、品行正的人。同时要求每个新明珠同事做好自己的本分，做一个品格端正、有道德的企业公民，踏踏实实做人，勤勤恳恳做事，以良知为原则地生活，那样，社会才和谐，风气才正常，自己才快乐。

叶德林坚持认为：做个有道德的人其实很简单，它不要有高深知识，也不需要太聪明，只需要凡事为别人多想一点，道德就来到你身边了。三国时期刘备说：“勿以恶小而为之，勿以善小而不为。惟贤惟德，能服于人。”讲的就是做人的道理，恶，即使是小恶也不能去做；善，即使是小善也必须要做。只有贤德的人，才能够让人信服。做个有道德的人，就是要从点滴来积累，这样每做一件事，我们的道德水平就会上升一点点，大家的道德水平一点点上升了，这个世界也就会一点点变得更加文明起来。

第二节
“无饭开也不玩‘空手道’”

凡是与叶德林有过生意上往来的人，都会被他身上体现出来的正气所感染，这也是他在行业中积聚人气的一种魅力。

大家都知道叶德林会做生意，会赚钱，但大家更知道他做事最讲究的一点是“讲原则”，特别强调“按规矩来”，这个规矩就是“君子爱财，取之有道”，什么“道”？合法之道，也就是仁义正道，正道是安身立命的基础、做事的原则。爱财没错，但取舍要有规矩原则，要遵纪守法，通过正常途径，靠自己实实在在的付出，赚取合法合理的钱，而绝不是靠什么歪门邪道，采取不正当手段，坑蒙拐骗，投机取巧，掠取不义之财。尤其是对于那些自以为聪明的高招“空手道”，叶德林更是最看不起的，他还有个说法就是“无饭开也不玩‘空手道’”，认为不遵守商业规矩，背着良心拿黑钱，一时侥幸得来的不义之财，必定难以长久，在收获意外之财的同时也会收获意外的“横祸”。

叶德林从小就受到良好家风的浸润，父母亲都是敦厚朴实的“珠三角”乡民，父亲的正直善良、老实厚道，母亲的慈爱为怀、勤劳俭朴等做人的优良传统和品格，无时无刻不在深深

图 1-5　2007 年 8 月 28 日，新明珠陶瓷集团驶进江西高安——江西省建筑陶瓷产业基地，与高安市政府签订协议，落户高安，计划投资 12 亿元

图 1-6　2007 年 11 月 29 日，叶德林在新明珠江西高安陶瓷生产基地奠基典礼上致辞

地影响着叶德林，校正他日后怎样去好好做一个好人。他自小心灵手巧，做什么活儿或学什么手艺，都比别人快。12 岁时，村里有人结婚，请来个木匠做家具，他每天上学经过时总爱停下来观看一会儿，到年底时，家里的桌椅他就能自己做了。到

图 1-7 共聚产业最高端，同享财富新未来。新明珠集团斥资 15 亿元倾力打造的瓷都国际项目核心——江西建陶会展中心举行奠基典礼

初中时，邻居们平日都爱把自家的破旧家具摆在他家门口等他帮忙修理，他成了全村有名的“免费小木匠”。这时，有人给叶德林出了一个主意：要收工钱，不能白做。但母亲却极力反对，还苦口婆心地告诫儿子：“你这是帮村里叔、伯、婶、嫂做零碎活儿，是大家看得起你，你只是出点小力气，不要计较，就是日后成了大木匠，你也要有分寸，能帮人家一点是一点，做人不能贪，挣钱要挣正当钱，手艺好，还要人品好，这样做人才安乐。”叶德林说，母亲这些言传身教，从此便陪伴着他的一生，让他受用无穷。

改革开放初期，珠江三角洲一带不少人利用一些政策上的空子，炒买炒卖，以致一夜暴富；有些人甚至连“皮包公司”也没有，就靠玩“空手道”，牟取暴利。在叶德林成立自己的建筑工程队做工程、老老实实挣钱时，总会不时遇到有人劝他转让出项目，就可以白白送他一大笔“项目费”，却总是遭到他的拒绝。他认定的是要挣干干净净的钱，只有这样做才心安理得。在陶瓷业内，也有不少人是利用别人的便利，自己从中玩“空手道”挣钱的，但叶德林却不齿与这样的人为伍。他说自己之所以选择做瓷砖、做洁具、做红酒、做房地产、做酒店，皆因这些都是做实业，做产品，做大家看得见、摸得着、用得上的东西，生产对大众有益的、健康的产品。如果做生意的只考虑自己怎么能赚钱发财，只是利己而不顾及其他人的利益，也只是一个单赢而不是多赢的经济行为，那必然是一个短视的行为，更不用说做大做强，做什么百年企业，那样是没出息、没前途的，是不为社会所认可的。叶德林说起这方面的例子，说起那些靠玩“空手道”一时发家，日后沦落为两手空空，最终一事无成的生意人时，总是觉得非常惋惜，他说如果这些人把聪明才智用对了地方，用到正道上了，就会利人利己，但反过来靠耍小聪明贪一时之利，到头来只会害人害己。

这正是：德者得也，得道多助。按规矩办事，走正门正道，绝不玩“空手道”，老老实实做人，踏踏实实做事，这让叶德林和他的企业经得起各种考验，也确保始终如一地得到了社会和人民的认可、尊重和支持。

第三节
有良心才有好回报

2014 年，《新浪家居》发起“合力寻找中国制造业的良心”活动，记者走访了新明珠陶瓷集团，接触了集团大量的人和事，所见所闻让他们在这儿找到了“难得的良心”，这让记者们感到温暖和感动，同时也为这个代表中国制造业良心所在的企业感到欣慰和骄傲。

面对记者谈及的家居良心和如何理解良心这个词的问题时，接待采访的李副总代表新明珠陶瓷集团做了表述：

家居良心，事实上就是我们正在寻找的中国制造业的良心。所谓的家居良心，就是让家居装修装饰用上健康环保的优质产品，让质量稳定的企业产品获得市场与社会的认同与认可。我们中国瓷砖业仅仅用了几十年的时间，就做到了全球规模第一、产量第一，这是值得骄傲的成绩。但是，在光环下面，暗流涌动。面对消费者的需求不断变化，企业将产品延伸得多种多样，同时各种问题暴露无遗。其中，“环保”成为当下关注的重要话题。产品“粗制”，环境污染，与人类健康的相关问题从未像当下这样触动人们敏感的神经。作为一个企业应该修善心、秉善念、持善行，播种善的种子，才会收获被信任的善果；企业经营管理才可以朝善的知行合一方向发展。在这方面新明珠一直在努力实践、探索。我们面临着一个互联的时代，一个网络的时代，一个瞬息万变的时代，一个一切皆有可能、皆无可能的时代，一个可以瞬间聚集大量的业务单，也可以瞬间将一个不守信用的企业完全击垮的时代，这种案例很多。所以在这种不确定的时代里面要坚守企业的良心。我们应该思考，我们究竟给后代留下了什么，我们不仅仅是要留下城市、花园、道路、绿化、高楼、小区……不仅仅是要留下这些物质的雕像，我们更多要给他们留下产品所表现的文化，所表现的民族自豪，对美好生活的一种相信和向往，留下对我们传统文化的传承与发扬，留下我们对人与人之间的信任与认可，我们要坚守住“中国制造业的良心”，企业应该更多思考良性发展，为子孙后代留下一个值得向往、值得相信的美丽中国。

我们老板最讲究凭良心做人做事，他讲过一句话，就是企业发展成果要与大家共享，老板心里面总是装着员工，他经常教导我们高层领导：如果你没有很好地对待员工，你不给员工提供很好的条件，他不会真心实意跟你一起去奋斗。多年来，随着企业的不断壮大发展，新明珠陶瓷集团不仅大笔投入建设良好的生产、生活、学习环境，同时还更加关注员工的精神生活，开展形式多样的员工文体活动，丰富了大家的业余生活；

坚持一年一度的员工快乐旅游，让大家在工作之余有一份闲适心情；每年都不断创新的大型迎新晚会为每个有特殊才艺的员工搭建展示自我才能的平台；“爱心基金”让每一个新明珠人多一份保障；等等。新明珠的独特人文关怀，优秀的文化建设和积极向上的企业精神，共同构筑出和谐温暖的新明珠文化，让大家庭里的每一个新明珠人都快乐工作、幸福生活。同时新明珠也提供成长的平台，提供各种机会，比如聘请内部讲师进行分享，让很多人的优点在内部得到一种发挥和传扬，传播正能量，让企业和员工共同成长。快乐的员工才能生产出快乐的产品，只有快乐的产品才能让快乐传递到终端，只有快乐传递到终端，传递到用户家里面去，才能让用户持久地对你这个品牌产生一种信任，产生一种信赖。这种信任和信赖是企业最宝贵的财富。

图 1-8　2015 年 5 月 21 日，叶德林出席第十二届中国国际中小企业博览会智慧建材与家居展新闻发布会

图 1-9 “掘金泛珠，赢在当下”——第十届泛珠三角区域经贸洽谈会 2015 建材家居产业发展论坛（春季）暨广东省建筑装饰材料行业协会成立七周年庆典上，叶德林与郎咸平共同就行业角度、经济层面、制造业发展等话题，展开深度对话

什么是良心，朱熹集注：“良心者，本然之善心。即所谓仁义之心也。”良心就是人们的善良之心、正直之心、公道之心、嫉恶之心、诚信之心、感恩之心、怜恤之心、豁达之心、敬业之心、清廉之心以及奉献之心，是人们对自己行为的是非、善恶和应负的道德责任的自觉意识。作为人心中的最内在法则，它不仅给人以内在的标准来裁决自身的对错，从而阻止人去有意作恶或劝导人积极为善，而且促使人对自己过去的所作所为进一步深刻反省，从而强化自己的责任意识或悔过要求。良心的自我发现有两个结果：要么从自己既有的行为中获得精神的快乐，要么对自己过去的所作所为悔恨交加，以至觉得自己的一切都逃不过良心的谴责。世上之所以有道德生活，最终要归因于良心：做好事不求别人的赞赏而只求无愧于心是道德生活的最高境界；做错事能扪心自问并深感内疚则是塑造有德之人

的第一步；做坏事竟心安理得而不觉得受良心的谴责，则属于只有靠严厉的惩处才能纠偏的行为。也就是说，良心就是被现实社会普遍认可并被自己所认同的行为规范和价值标准，是个人自律的突出体现，是道德秩序的保证。良心既是抽象的、无形的，又是很实在很具体的，它在对待每一件具体事物时便立刻鲜明地显现出来。人的良心就像一面镜子，正义和邪恶、善良和凶残，都可以从这面镜子中反映出来。良心泯灭了，人们便会变得是非不分、忠奸莫辨，便有了冷漠、残酷、伪善和奸诈。人有了良心，便有了同情、真诚和善良，一个人之所以成其为人，是因为有一颗良心，否则那就是人面兽心。

叶德林认为，每个企业都应该有每个企业的良心，假如一个企业丧失了良心，我们便看不到真诚友爱、同情和善心，看到的只能是尔虞我诈、冷漠无情，甚至是丧尽天良。良心是我们衡量一切事物的标准，若没有良心，我们便无从分辨人间的善恶是非和人心的丑恶伪善；若没有良心，我们也无从鉴别事物的真伪优劣，也无法从眼下所处的世界中找到诚信、善良、朴实等真正美好的东西。

是的，在这个良心被越来越多人忽略和轻视的今天，叶德林特别强调唤醒人们的良心是多么难能可贵，要想使我们国家更稳定、社会更和谐，就必须提倡良心。良心的意义在于，当一个人做了对不起他人、对不起社会的事情的时候，他会受到自己良心的谴责而痛苦，从而良心使个人利益与社会利益的和谐统一成为可能。我们多点去发现弘扬有良心的企业和做有良心发现的企业，这也是标志着一个社会越来越文明和进步。我们所需要的良心，是人们对同胞、对亲人、对朋友的良心；是有钱人能关心弱势群体；是一人有难八方支援；是尽自己的最大能力去做善事、好事；等等。

图 1-10　佛山市政府领导向新明珠陶瓷集团董事长叶德林赠送纪念品，对新明珠支持、赞助佛山市龙舟大赛活动表示感谢

在新明珠企业内部，受总领路人叶德林的教导和影响，新明珠员工与别的企业员工素质上已有了很大差别，他们懂得对公司心存感恩，做一个有良心的员工 。他们凭本心本事工作，忠于职守，尽责敬业，看重自己所从事的事业，在职场上挣良心钱，大家在协作中共患难、同甘苦，乐于和公司一起分担、分享、成长，注重的是找到自己人生的舞台，实现自身的社会

价值，共同营造了一个良性和谐的“社会家园”。

叶德林坚持认为：凭本心做人，凭良心办事，富有同情心，是几千年来中国人为人处世的传统美德，我们应该很好地继承和发扬光大。以叶德林品行带出来的新明珠，做的就是这样的“良心”企业，他们一直有着正确的价值观，行得正，走得稳，吃得香甜，睡得安乐，坚持不做任何昧着良心、见不得阳光的事情，坚持正大光明打开大门经营，真正对得起天地良心。

第四节
“谋利先谋义，利义才共生”

两千多年前，我国教育家荀子就劝导后人：“先义而后利者荣，先利而后义者辱；荣者常通，辱者常穷；荣者制人，穷者制于人。是荣辱之大分也。”老祖宗说把道义放在私利之前的，才光荣；反之则是耻辱。光荣的，经常通达；耻辱的，经常途穷。从做企业的角度来理解，就是说经营者只有对大众施以德仁，布下道义，再赚取利润，这样才能在竞争中通达制胜，企业才能繁荣昌盛。

对于“义”与“利”的问题，叶德林从来不回避，并且还认为这是企业在经营管理过程中需要积极面对的首个重大问题。因为利润是企业安身立命的根本，企业经营以求利为目的，企业管理者在经营中必然追求利润的最大化，这是很正当、很自然的事情。但如何求利，不同企业所采取的方式、方法和途径也不同，其实际效果和最终影响也有天壤之别。

正确处理道德规范与利益之间的关系，形成正确的义利取舍，这是人类社会自古以来孜孜以求的愿望，更是人类社会得以健康、持续发展的保障。朱熹说：“义利之说，乃儒者第一

图 1-11　叶德林在 2015 年新明珠集团新春工作会议上作工作报告

义。”义利思想是儒家思想核心内容之一，在博大精深的儒家思想里占有重要位置。古语道：“不考其源流，无以获从入之途。”儒家思想始于孔孟，其义利思想的“义”，主要指道义、正义和公利，从形式上看是一种道德原则，而从内容上看则是指符合社会整体利益的行为；而“利”则指利益、功利，主要是指个人私利。长期以来，人们习惯于把孔孟的义利思想简单归纳为“重义轻利”，认为他们只讲义而不谈利，是典型的道德至上论，是对其思想片面的理解。孔子极力反对在富贵利禄面前丧失道德良心，认为如果不符合道义，即使是蝇头小利也绝不能索取。“见小利，则大事不成”，“富与贵，是人之所欲也，不以其道得之，不处也。贫与贱，是人之所恶也，不以其道去之，不去也”，“不义而富且贵，于我如浮云”。孔子认为，如果一个人缺乏道德准则的约束，一味地强调追求自己的利益，弃义而取利、损人利己，就会因利害得失而与他人发生矛盾，所谓“放行于利多怨”，那么就会遭到天下人的唾弃，最终他也就不能得到利益。但孔孟尚义轻利，并不否定、贬低对利的合理追求，而是在强调义与利的统一基础上“以义制利”、“见利思义”、“义利两有”、“义以为上”，对于通过正当途径富裕起来的人们，以孔子为代表的儒家还提出要“富而好礼”，尤其是要学会“周急”，即把多余的财富赠送给那些急需救助的人。这是我国传统伦理思想的重要组成部分，对于塑造中华民族精神产生过重要影响。在构建社会主义和谐社会过程中，坚持义与利的辩证统一，对于促进精神文明与物质文明协调发展，维护社会稳定同样有积极作用。

在一次“企业道德论坛”上，广东的企业家们谈论到新明珠集团快速成长的经验时，有关专家特别指出：这与该集团领导人叶德林正确处理好企业的义利观分不开，并强调说，正是叶德林坚持的“谋利先谋义，利义才共生”的企业经营原则，才使得企业走在一条正确的轨道上，成就了这么一个健康发展的民族企业。这点得到与会者的一致认同。

叶德林在建设某陶瓷生产基地选址时，与当地国土部门签订了4000亩土地的购地合约，约定一个月内支付首期，半个月后，就在新明珠正准备支付首期款时，有企业也看中新明珠签下的这片地，当地国土部门从中牵线调整拟让新明珠出让500亩，每亩额外补偿给新明珠2万元。这是天上掉下来的一个大馅饼，负责项目的下属当然很高兴，说我们还没付钱就可轻轻松松获得1000万元了，当即向叶德林做了汇报。没想到，叶德林却高兴不起来，他说虽然我们很需要这么多地，退出500亩是个损失，不过退了我们也不能要这个补偿。负责项目的下属这才记起了老板做人的一贯原则，顿时有所醒悟，但还是认为这样并没有违反商业道德。接着，便听到叶德林的心声：如果收了这笔钱，公司肯定就会立即传出新的神话：不得了了，看我们老板多有眼光，多会赚钱，还没出一分钱就得到成千上万了。但就因为这是没经过血汗的钱，这样获利不够仁义，不够正道，我们就不能要。要不，新明珠的同事们也会受到影响的，大家都花心机去找地赚大钱了，就没心思做好瓷砖了。所以，我们退了地是损失，但这样的补偿一分也不能要。

这只是叶德林“舍利取义”的一个例子。

新明珠陶瓷集团在对待经营与盈利的问题上，始终坚持叶德林主张的“谋利先谋义，利义才共生原则”及“利益共享和分利原则”，这为社会大众所称道。在担任禅城区工商联（总商会）主席以来，叶德林总是把所有成员凝聚在一起，做一些看得见、摸得着的实事与大事。总商会的工作人员说：叶总是最讲情讲义的人，他经常告诫我们大家，不能只考虑一己之利，而是要为其他企业构建团结互利、和谐发展的机会。所以我们为会员企业供需采购搭建和扩大平台，进一步增强和扩大商会的凝聚力和影响力，推动会员企业更广泛的交流和合作。新明珠每月都要向外采购大量的原材料、燃料、辅料，因此在同等价格、同等质量、同等服务情况下，优先在商会会员内部采购，将机会留给我们的会员，只要做得好，就有机会成为新明珠的供应商。他考虑更多的是身边的伙伴，是要义利共生，义利共享，他很看重这些，认为只有这样做企业才能做得长久。

图 1-12 “智慧佛山，携手发展，和谐共赢”，叶德林（中）与企业家们在第七届佛山企业“两会”换届选举暨第四届佛山市企业家活动日上欢快祝酒

“谋利先谋义，利义才共生。”叶德林与所有商业往来的单位，都坚守了这样的做法。当新明珠处于市场优势或攻势时，叶德林便着重叮嘱身边的所有“将士”，要善为人计，绝不能倚势逼人，更不能挤垮同行独吞其利，一定要留下一份“大义”，让人五分。他有句口头禅是：生意永远做不完，有义才有利，讲利是一时，讲义才长久。只有广交友，重义轻利，才能为自己谋利留出回旋的余地。做企业要坚持“分利原则”，也就是不

光是自己企业赚钱，更要兼顾经销商和顾客的利益。“对经销商，要让他们有钱可赚，供货不断档，质量有保证，恪守契约，服务周到，使大家感到同你合作有利可图”；“对顾客，要让他们得到实惠，物超所值，感到满意、方便、放心”。只要坚持利益共享和分利原则，我们才能收到“利他同时也利我”的最好效果。

| 第二章 |

以德立世　做正能量的企业家

——德能决定个人魅力与社会价值

第一节
“没有污染的企业，只有污染的老板”

“没有污染的企业，只有污染的老板。”这是一句对我国企业和企业家影响极其深远的名言，这句名言出自叶德林。

在叶德林看来，企业是由人主宰的，人若是被“污染”了，企业才会污染，而人的污染，说到底，就是道德品质污染，而道德品质污染了，企业就做不好了。

归根到底，还是回到做人的道德品行上。

孔子说过：“君子怀德，小人怀土；君子怀刑，小人怀惠。”君子和小人每天所思考的事情是不同的。君子关心的是德行，小人在乎的是产业；君子注重的是规范，小人担心的是利益。在做什么企业，企业如何立足等问题上，总是有这种见利忘义、不劳而获的小人，他们的心思只是如何能赚大钱，而根本不会在意赚钱的手法和为人的道义。而作为“君子”的叶德林，却坚持从良心做事的原则出发，拒绝一切环境或精神的“污染”。“做有良心的企业，做百年企业，赚干干净净的钱，造福于社会百姓。”这是叶德林做企业的道德底线。传统看法，陶瓷厂是环境污染严重的行业，所以在选择进入这一行业时，叶德林就本着初心，执意要改变世人的这种观念，在他看来，企业污染不污染，决定的是人的思想有没有污染，因为事在人为。所以，在 1992 年筹建新明珠第一个工厂时，当时还是镇属企业，叶德林就把“拒绝污染”作为头等大事，他说：“要是用污染环境来赚钱，这是害人钱，是最不道德的，绝对不能赚，要办就要办清洁的、放心的企业。”因此，他情愿花重金第一个引入先进的环保设备和工艺，远远高出行业环保标准和要求，在当地市、区环保部门现场检查中，十几年来从没被处罚过一次，这在全国的建陶行业中绝无仅有；待到兴建三水工业园区时，叶德林提出了“百年企业，必须在周围居民中扎根，做好环保”的口号，并将环保升级为企业的自觉行为。他曾先后六次带队到意大利等国家考察，借鉴陶瓷强国经验，在园区的规划定位上，将国际上现代清洁生产与循环经济理念引入我国传统建陶行业，构建一个环保型陶瓷样板工业园区。为创新污水处理、粉尘处理、尾气处理系统，新明珠斥资 5000 万元，联合高校、专家完成设计包括“陶瓷清洁生产产业共性技术”等项目。三水工业园也就成为新明珠实施环保生产的第一个基地，是新明珠自觉做好环保工作的第二次飞跃，这套污染处理的整体解决方案，后来也被新明珠“复制”到肇庆高要陶瓷生产基地及江西高安陶瓷生产基地。在广东省经贸授予广东第四批 40 家清洁生产企业时，新明珠就占了两席——三水建陶工业有限公司和三水惠万家陶瓷有限公司，也是陶瓷企业的唯一。在之后跨省区建设大生产基地时，始终把建立一个和周围居民及当地经济发展和谐共处的企业作为追求目标，坚持首先考虑环保规划，再考虑生产线布局规划。从 2006~2008 年，新明珠仅是在环保方面的投入就超过 3 亿元，企业环保综合治理水平达到行业内领先水平，并得到了国家、省、市、区等各级领导的普遍肯定和认可，多次获得“清洁生产企业”、“环境友好企业”、“花园式工厂”等殊荣。

图 2-1　叶德林（左二）热情欢迎广东省工商联领导一行到新明珠三水陶瓷基地考察、调研

图 2-2　叶德林向前来考察、调研的广东省工商联领导一行介绍生产情况

2004年2月，三水生产基地正在规划建设，时任佛山市委书记黄龙云来到正在建设的园区考察，也对新明珠提出了这样的要求："你们一定要按照循环经济的理念，走出一条传统产业升级的新型发展之路。"叶德林当时就做出了承诺："我们之前已严格做好环保工作，未来我们更有信心建设一个比意大利、西班牙先进的、能与现代城市人居环境和谐共处的生态陶瓷基地。"为此，新明珠专门成立了清洁生产领导小组，由叶德林担任组长，抽调各厂区管理人员和技术人才组成清洁生产、节能降耗专业队，通过技术创新、设施改进以及监督管理来促进节能减排工作的提升。现在，新明珠的环保理念已经深入到每个人心里，落实到每个人的自觉行动中。

坚持不做"污染"的老板，叶德林一直自觉绷紧自己的"环保"神经，在舍得耗费巨资引进国际最前沿的生产设备的同时，坚持自主创新，积极研发生产设备，改进生产工艺、升级技术、更新产品，充分满足市场需求，引领市场潮流，持续保持走自己的路，保持一贯倡导环保与创新的经营理念，在行业内率先成立了两家陶瓷研究所——北京新明珠绿色陶瓷研究所和新明珠创新研发中心，双管齐下，成为行业内首家同时拥有两大陶瓷研究所的企业。公司聘请一批技术权威专家以及材料科学专家进驻，配备了具有较高资历的硅酸盐工程师、机械工程师、自控工程师，配置了现代先进的科研设备，加大新产品、新技术的研发力度，特别是将建筑卫生陶瓷以及绿色环保陶瓷的研究开发作为重点投入的目标导向，自主创新研发了“地下沉降式喷淋除尘除硫系统等环保设备”，成为全国第一个拥有自己专项设备和技术的生产基地。新明珠每年在环保方面的投入已占企业年收入的10%，其中，三水工业园区环保建设的技改投入约占园区总投入的12%。至今，公司已拥有300多项发明

图 2-3 新明珠员工生活区

图 2-4 坐落在华夏陶瓷博览城中的新明珠陶瓷集团总部

专利、实用新型专利和外观设计专利，承担着数项国家级、省市级科技攻关项目，科技实力达到行业的先进水平，为我国陶瓷行业做出了表率和贡献。

“拒绝污染”，这也是叶德林德高行远的一个写照。眼下，新明珠的所有生产基地，人们既看不到烟囱，也看不到废水排放，所有的生活及工业污水、粉尘、噪声这些“污染源”已全部被新明珠创新技术扼杀在生产基地躯体内的“净化神器”之中，废水净化后再投入工业生产继续使用，实现100%循环利用；粉尘则通过“陶瓷清洁生产产业共性技术”系统处理，在喷雾塔、窑炉和成型车间等生产工序实施喷淋除尘，对喷淋除尘回收尾粉后再度利用……

成本与环境，历来是陶瓷企业的一对矛盾，但在叶德林的坚持和把控下，新明珠的节能环保不仅不增加成本，而且还增加了效益。这是如何做到的呢，其实还得回到叶德林的修行上来，才有最贴切的答案。正所谓“有舍才有得”，正因为叶德林本着初心，不要污染社会，不要污染自己，宁愿少赚钱、不赚钱，也不赚害人钱、黑心钱，宁愿花大气力、大成本，也要干干净净挣钱，所以，也就有了他该得的利益回报，同时也收获了良心安宁的回报，这才是做人做企业的最高境界。

新明珠联手佛山禅城区科技局，组织广东省清洁生产产学研战略联盟的高校、科技机构和企业共同进行技术攻关，其“陶瓷清洁生产产业共性技术”被确定为2008年广东省“产业共性技术”五大重大科技专项之一。据新明珠内部核算，污水、粉尘、废料回收和节能共性项目，让企业在循环中实现了产品的有效增值，验证了所采用技术的可行性和先进性，具有很好的推广应用前景，对推动我国提升陶瓷产业清洁生产影响深远。

“希望我们每个企业带给当地的是经济的发展，而不是污染。我们新明珠从建厂以来，实现了居民的零投诉，这让我觉得很自豪。”叶德林认为，保护环境最重要的是意识和责任，这不是一朝一夕的事情，还需要不断改造、创新、超越，并持之以恒、长抓不懈。为了让当地民众看到自己注重环保、捍卫环保、爱护家园的决心和行动，叶德林以身作则，坚持把家安在故乡南庄——这个被人误认为陶瓷污染严重的地方，20 多年来，他先后建了 5 次房子，全部都没有挪开南庄半步，就是在早年某些家乡人发生惶恐搬迁风时，叶德林也坚持不为所动，他相信，只要把人的思想品德提高了，人不被“污染”，企业就会把环保做好，就会留下我们的蓝天绿水，就有人与大自然和谐共处的家园。笔者头一次到叶总家拜访时，就见到他“赤膊”在自家的大院里种树，他的环保意识深入到家，日常还喜欢亲自“行动”，他家的院子内绿化生态景观非常好，各种名贵树木、花草葱郁吐艳，小桥、流水、鱼池、泳池一派勃勃生机，乐享自然健康人居。如今，珠江三角洲水乡南庄，这个“中国建陶第一镇”，江清湖净，天蓝地绿，誉为“自然人居水乡”，被授予“广东省生态乡镇”、“国家卫生镇”等称号。我们知道，这都有劳于叶德林等一大批没被“污染”的老板的努力。

新明珠集团李副总说：“新明珠现在有能力、有责任处理好企业效益与社会责任的关系。从 2003 年规划三水产业园区开始，叶德林总裁就一直强调，必须把环保放在首位。这么多年，我们一直坚持环保投入，不断深化污染处理技术，不断在其他产区复制我们污染治理的成功经验，就是因为我们认为，要做百年企业，必须肩扛社会责任，不能只考虑企业的经济效益。社会效益与经济效益统一，才能在当地扎根，得到政府的支持、百姓的拥护，企业才能与周围的社会环境和谐共处。因此，新明珠一直把履行社会责任，做好清洁生产和节能减排，建设资源节约型和环境友好型企业作为最高目标。”

图 2-5　一河两岸，水清树绿，新明珠三水陶瓷生产基地

叶德林一直把员工当作自己的亲人，也希望员工能把企业当作自己的家，并努力为他们提供一个家庭般温暖、安心、舒

适的工作环境。新明珠三水工业园区内的八千多名员工，拥有“一河两岸”划分的工作区和生活区，其中园中有园，小桥流水，绿树成荫，鸟语花香，员工运动场、休闲场所、儿童游乐场等一应俱全，生活工作环境优越，步行或骑车上下班便利，既节能又体现环保特色。在佛山举行的“市民一日游”活动中，前来参观者均纷纷表示，新明珠陶瓷基地不只是绿色工厂，简直像花园广场那样，可以搬到市中心去。还有人赞叹说，工厂里树叶上的灰尘，比我们自家里的花盆中落尘还要少。这便是社会对企业的肯定。

2009 年 3 月 19 日下午，叶德林在陪同全国人大常委会副委员长陈至立视察新明珠三水生产基地环保工作时，看到新明珠为行业创立的这一优秀环保成果，陈至立感到很满意，当即表示：“大气污染防治，新明珠树立了榜样。”同年 3 月 25 日下午，国家工业节能减排院士调研组抵达新明珠三水工业园，专家们在考察了厂区规划、生产情况，听取了企业的汇报之后，调研组组长、中国工程院院士徐德龙肯定了新明珠的做法：“做大做强有利于节能减排，新明珠做得非常好；对于节能减排，技术进步非常关键，新明珠的这些项目就非常好。”中国建材联合会会长张人为对新明珠在行业做出的榜样高度赞赏：“新明珠的确是我们行业名副其实的标杆！”

第二节
“我是大家的同事”

在广东企业家中，叶德林属于儒雅气质的那种，一副彬彬有礼、谦谦君子的风度，看上去更像一位学者或专家，反倒没有人们常见的“老板”模样，从他身上，你可以感受到散发出一种正气的能量，脸上一向挂着“叶氏风格”的微笑，又显得谦和善良，平易近人，绝没有半点“土豪”们的骄横张狂，让人感到可亲可敬，即使第一次接触，你也很容易把他当成老朋友。

这是平时朋友们对他的印象。

这也是一位有内涵的德者的形象。正所谓“相由心生”，说的是人的仪容外表总受心灵思想因素的影响。换言之，人的思想感情心灵情志必然表现在人的仪表上。也即一个人的精神世界虽是内在的，不可见的，但实际也给人外在的直观感受。在笔者众多的企业家朋友中，德叔是表里如一、内外兼修最好的一个。所以，像德叔这样“有型”的老板，注定会拥有大批的崇拜者和仰慕者，也就是忠实的“粉丝”。笔者在 2011 年 7 月参与《中国砖王叶德林》（第二版）签售暨读者见面会现场中，就亲眼见识到前来索求德叔签名留念的读者的狂热——排队排到对面街；而参与那次禅城商会企业家香港公海邮轮之旅，则再次目睹德叔尤其深得“追星一族”的女企业家们的喜爱和追捧，每天都围绕着与“靓仔主席”讨教、喝茶、照相留念，一个个都是拥趸。回到新明珠，在所有的员工眼中，董事长德叔以其独特的人格魅力一直是大家的偶像，那不是世俗包装起来的明星偶像，而是在眼底下看得见、摸得着的平民偶像，是自然而然生发出的对身边英雄的敬仰崇拜。受父亲德叔其良好家风熏陶成长为集团副总裁的儿子叶永楷则是这样说：“我的启蒙老师和人生导师，都是我父亲。我一直把他当榜样，跟他学习做人做事。如果有偶像，父亲就是我偶像。”

图 2-6　“冠领中国，幸福佛山。”冠珠陶瓷 1800 平方米佛山旗舰店盛大开业，叶德林陪同嘉宾进店参观

图 2-7　2010 年 11 月 4 日，第 16 届亚洲运动会圣火传递在佛山举行，叶德林当选火炬手，与同事们在集团总部一起分享光荣

其实，我们敬重叶德林，敬重的自然是他在社会上的德高望重，欣赏更多的则是他做人内外兼修的圆满统一。

叶德林说：在他当上南庄水电所所长时，退休下来的老父亲曾语重心长地叮嘱过他，做领导的人，要紧的在于四种德行："直而温，宽而栗，刚而无虐，简而无傲。"（出自《尚书·舜典》）就是说一个带头人，首先要正直，待人态度要温和，让人觉得容易接近；还有就是要宽容，多给下属空间，但又要严格要求；再就是要刚正果断，敢于做出决策，但又不能凌气盛人和压制了下属；领导者还应当具有删繁就简的能力，能够抓住重点，简约却不傲慢，这样才能收到好的效果。叶德林认为，老父亲的这些叮嘱教诲，足以影响自己的一生。

叶德林自小就养成一副温厚正直的性格，所以很好地做到“直而温，宽而栗”的领导作风，他最爱说的一句话就是：“有这么多同事（不说是‘员工’）跟我一起做事，我要对得起大家。”他把自己放低、放平，视自己也是新明珠企业的一个普通成员，同时善于信任、放手给同事工作，而不以一个老板的“嘴脸”居高临下，更不会对同事随意颐指气使，他看重的是与同事们一起的友好相处，特别尊重对方的人格和尊严，事事处处从对方感受或利益出发，从而能轻易地感召他人为己所用。他一直强调：“公司领导是通过同事（强调是‘同事’而不称‘下属’）来工作的，只有真正关心每一位同事，尊重每一位同事，同事才会配合你做好工作。”

笔者在参加新明珠禄步工业园投产庆典时，就亲身感受了一个动人的小细节——庆典活动结束后，陈副总裁对德叔说：“要起程了，我叫司机准备一下。”却见德叔立即偏过头，压低声音纠正说：“以后，我们尽可能不叫他们‘司机’，大家都是‘拍档’（同事），这样，他们会感到我们更尊重他。”陈副总裁连连点头，才明白自己说漏嘴了。想想，连一次称呼都这么留意，这个老板对自己员工态度是何等的尊重和平等，已可见一斑。

这也是一种同态心理，叶德林称之为以心换心，推己及人，爱屋及乌，谁都希望得到别人的尊重和看重，这是叶德林做人的又一种美德。所谓同态心理，就是指以对方的态度来确定怎样对待彼此，以对方的行为作为自己行动的基本原则，说简单一点，就是一种“对等”——你对我如何，我就对你怎样。中国社会数千年来所追求的道德境界和伦理法则，始终崇尚知恩图报。叶德林深谙此道，所以特别倡导在新明珠企业内，各级管理者都要关怀、尊重、帮助下属，要主动与下属以心换心、以诚换诚，旨在通过诱发和调动下属积极的同态心理，换来良好的人际合作。正所谓“人心是肉做的”，“因感激而生回报”，“滴水之恩，当涌泉相报”，“士为知己者死”等，都形象地表达了这种社会心理特征。

“德叔，是大家对叶总的爱称，而德叔对每位员工的爱则像是父亲般的爱，是发自肺腑的。正因为是关心、重视，所以，连下面厂里的一般员工，只要和他打过招呼，报上姓名，日后他就能记住对方的名字，有人说他记性好，其实，这主要是他尊重和记挂着每一位同事，甚至是对清洁工、司机，他也是一碗水端平。”新明珠集团冼副总裁这样评价说。

在新明珠内部，所有成员都得到叶董事长长期以来的关爱，这个公司自然而然形成了一个“习俗”，大家日常打招呼都爱称叶德林为德叔，觉得他只是个可亲可爱的长辈，用这样称呼才叫得顺口，其中一位跟随他多年的副总裁因是同学关系，就一直以老同学相称。平时，新明珠的各层领导，都以德叔做人做事为榜样，从人本出发，对下属充满深深的情谊，做到以情拴人，以情善待每一位员工，尊重、关心每一位员工，肯定每一位员工的价值。这就像一条看不见的红线，贯穿于新明珠公司企业管理的各项活动中，同时也贯穿于企业领导的思想中，自然而然，便成了新明珠领导人的一种管理招牌，一种处事风格。

集团李副总告诉笔者，不管是内部管理，还是外部接待，董事长在细节上体现出的对人的尊重，是最容易感染人、打动人的。比如，在企业聚会上，他会亲自给保安、司机敬酒，这是其他很多领导很难做到的一点。“有人问我，新明珠最核心的力量在哪里？我认为是核心岗位的人员没换，都是跟随董事长打拼的元老。在带领团队的时候，董事长靠的是个人魅力，用利益、仁义、管理、尊重去吸引人。在批评人的时候，董事长很有技巧，他会给足对方面子。对不同的人用不同的驾驭方法，令人折服。”

所以在公司内，叶德林一直以“同事”为骄傲，共同激发和调动同事的积极性、主动性和创造性。孔子说过：“德不孤，必有邻。”在古人看来，只要真是道德君子，那么即便在短时间内或许没有相互呼应的伙伴，但是时间长了就总会有同样性情和抱负的人过来与他亲近。孔子在这里讲的，不仅仅是一种人生经验，更是一种社会生活规律。叶德林正是相信：有道德的人是不会孤单的，一定会有志同道合的人来和他相伴。他知道首先要做好自己，端正自己的品行，不怕把自己放低，放在与员工同等的位置，从而通过自己的行为感染和影响一起工作的同事，培养出新明珠特有的“诚信、创新、感恩”的团队精神。他坚持不以老板而是以同事的身份自居，始终站在员工的位置上去理解、尊重员工，把他们当作兄弟、朋友来相处。他经常提醒自己，说是现在的同事学历都比较高，思维能力比较强，我们更要把他们当作老师一样来看待，他们会让你学到很多东西，会给你带来更多的财富。

企业界有一句话这样说，“若要走得快，一个人走；若要走得远，一群人走”。叶德林曾和笔者多次提及这句话，说明他是非常认同这一点的。作为中国建陶航母新明珠，今日在同行中走得如此远，就是因为有这样一群同心同德的人，有这样一个以同事身份“对等”地并肩前行的领导带出来的团队。领导者之道各有不同，有的强悍，其势如火；有的柔韧，其势如水。道不同则事迥异。叶德林可以说是属于后者，他的王者之风，正体现了他的“上善若水”之道。

第三节
律己然后才能律人

“做企业老板，如果不好好要求自己，是带不出好的队伍的。只有领导先做到优秀了，才能带出一班优秀人马，再依靠优秀的人马去创造优秀的产品。”被国家人事部授予“全国建材行业劳动模范”的叶德林，曾把这点心得与同行分享。

所谓有样学样，首先就要有好榜样，而树立好榜样，叶德林觉得首要的是要从企业领导中先树立起来。他深谙律人必先律己的道理，他要求员工用积极上进的态度善待本职工作，而他自己先是从本身做起，他的这种极度体现自律精神的经营哲学，一直深深地影响着新明珠集团的全体员工。从早期明珠陶瓷厂建厂时起，他就发动大家制定出一整套“做人做事”的规矩，然后自己率先垂范，严格遵守，从不纵容自己懈怠。例如在当时南庄镇镇属厂第一个推行港台式出勤“打卡”制度，每天早上上班时，他都带头排在工人队伍中报到打卡，下班时又总是最后一个打卡，就是开会或出差，也记录个明明白白，绝不会因为自己是厂长就搞特殊，同等接受约束，接受奖惩，通过律已而达到律众，从而让新明珠这一20多年的“家风”传承下来，也就带出了一支纪律严明、作风过硬、善打胜仗的新明珠团队。

亚当·斯密在《道德情操论》中特别关注“自我控制之德”，他将“自律”视为其他情感的关键，其名言是：“自制本身不仅是一种极佳的美德，而且其他一切美德的主要光辉似乎亦从自制中萌生。”拥有自制美德的领导者，善于带动企业的自律，而形成企业的自律，首先来自于领导人的自律。只有企业领导人具有自我控制之德，才能使企业内部的所有员工，提高自制美德，自觉做好自己的工作，进而使企业具备一体的自律意识和精神，成就一个自强卓越的企业。

图 2-8　叶德林在生产车间

图 2-9　叶德林（右二）在第 25 届中国（佛山）国际陶瓷及卫浴博览交易会开幕式上

叶德林不像那些喜欢教导部属“应该如何做”的老板，而是通过和公司全体成员一起“约定俗成”，凭“本心本事”来做人做企业，他不主张自己“如何说”，而只是展示“如何做”，用自律自觉的行动率先体现出来。正像他在一次谈话中所说的那样：“做领导的如果以为公司的规章制度，只是为普通员工制定的话，那就大错特错了。它是公司全体同事都必须遵守的，包括我本人、集团副总裁、部门总经理等所有高层领导人。假如以为自己是高层，下面的事有人代替去做了，就可以迟到早退无关紧要，那是不行的。大家都听说过‘上行下效’吧？前边有样了，后面就有跟随者。这种坏的有样学样，长久下去就不得了，就管不起来了，多大的家业也要搞坏的。”

中国人的传统美德在叶德林身上得到充分体现，平时在工作上发奋勤恳、吃苦耐劳、积极上进、自我管束及自我完善，在生活上更是培养出良好的习惯和行为方式，以保持有一个健康的身心和强壮的体魄，从而更好地去服务自己的事业。他从小至今都保持早睡早起的习惯，每天清晨6点就到家门口的吉利河里游泳，一年四季风雨无阻，磨炼自己的意志毅力，以更好地积极应对自己的事业人生。近年来，出于健身运动和社交活动方面考虑，他又热衷于参与和推广高尔夫球运动，坚持每个星期都加入高尔夫运动和比赛，以带动公司成员热爱运动、热爱生活的热情，建设一支拥有体魄健康、乐观向上的事业团队。他自己的日常生活总是十分简朴，节俭，不铺张，不排场，若不出席正式场合他的衣着只是得体随意，不追求什么名牌奢侈品。他一向倡导身边的人要过健康的生活，在对待公司发展新进项目时，他有过一句名言，那就是："只有对人民健康有益的项目我们才做，对人民无利的再赚钱也不做。"他不仅把好这个关，而且总是带好头，严格从自己做起。比如他认为吸烟危害健康，他就连半根烟也没沾过，甚至说得上对香烟极度反感，这点连他身边的朋友也要注意，若是有他在的场合，谁都会"肃然起敬"，连烟盒也不敢拿出来。他以自己良好的兴趣和健康的生活方式，杜绝一切不良嗜好和不好习惯。难怪有人说：这样的男人太完美了。所以就有很多人羡慕新明珠的员工：能跟这么完美的老板一起做事，真是一种福气！

他严于律己，有时甚至有点过了头。每天在公司吃中午饭，他一般拖到 12：30 之后才放下手上的工作，从新明珠集团大楼总裁办公室走出来，穿过长长的贯通萨米特集团的连廊天桥，然后进入集体食堂用餐，若没有重大接待任务，他从不搞什么特殊照顾，每天都是和员工们一起在集体食堂里吃饭。集团总部食堂设在二楼，环境高雅整洁上档次，也能体现出企业善待员工的一份心思，食堂大厅可容纳 1600 多人用餐，凡是集团举办的大型节庆聚会或叶氏家族的重大喜庆活动，他们都安排在这儿进行，显得隆重得体而又节俭大方。集体食堂里摆放着一体化的椅桌，洁净卫生，却没有大多数公司那样另设什么高级管理人员小灶、小餐厅。老板叶德林就和普通员工一样去排队拿餐具、排队自己打饭领菜，然后在“大通铺”的餐桌旁找一个位置坐下来，用完餐后，自己收拾好餐具再放回到指定的位置去。这个时候，员工们谁也没去“帮助”自己的老板，似乎大家对此已习以为常，包括其他的高管也都一样，一切自便。而大多数时候，总会有某些高管或员工，趁老板在吃饭之机，端上饭碗走到这边桌来，和老板坐到一起边吃边聊一下当下事务，叶德林也总是很随和，认真地听取意见或指点指示，往往是一顿饭工夫，某些常事或大事就在不经意中解决了。这也成了叶德林贴近员工或及时发现问题、解决问题的一种工作方式，同时也算得上是新明珠“员工食堂文化”值得称道的一面。这个时候，倘若你见到的那个正在排队取饭的叶德林，你是难以相信他就是领导着这个两万多员工的集团大老板，这个大老板如此这般的“律己”行为，能不感染和影响着身边的成员吗！同时，成员们能不主动自觉向身边的这位“老师”看齐吗！

这就是叶德林营造的“律己然后才能律人”的艺术和魅力！

叶德林总是从自己做起，同时对身边的人也严格要求，在管理上一视同仁，不分亲疏高低，在制度面前人人平等，道是无情却有情。为配合新明珠很早就建立起来的那套属于自己的非常规范的管理制度，叶德林曾多次召开家族成员恳谈会，特别要求和提醒家族每个成员，严格执行公司的“大法”，谁也不得搞特殊，一致服从集团的规范化管理，共同构建出一个现代企业管理模式。叶氏家族在集团里工作的 30 多名亲戚朋友，都

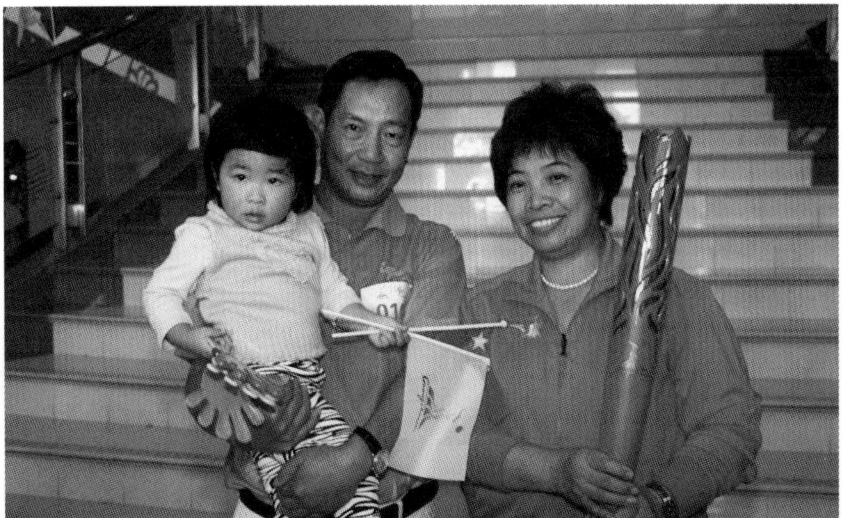

图 2-10　叶德林当选第 16 届亚洲运动会火炬手，与太太和小孙女在新明珠总部留下幸福的时刻

对德叔耳提面命的这些“家规、家法”耳熟能详，铭记在心，严格恪守，一致看齐。

如果出现别的状况时，结果就是这样：

叶德林有个亲戚在集团某部门担任领导职务多年，一直勤恳敬业，做出了不少成绩，但在2008年两个季度的考核中，业绩连续下滑，加上还有一次较大的违章错误，按管理规定，需要降职处罚。于是，公司最后给予调离并降级使用的处理。决定做出后，这位亲戚的父母多次向叶德林求情，但叶德林却是本着“亲者严，疏者宽”原则，耐心地做了对方的思想工作，耐心说服教育，让说情者明白制度面前人人平等的道理，最后，这位亲戚员工还是心服口服地接受了处理。

新明珠有个员工，是叶总裁在南庄镇水利所时的同事，也是好朋友，两年前，其个人工作和家庭生活无着落，被叶总裁按照“适岗”人员安排在某岗位上工作。在试用了一段时间后，用人部门和人力资源部门根据岗位价值和其本人的工作经历、能力进行评估，进行了定级，但该员工倚着自己与总裁的特殊关系，加上年纪和经历，便向负责人力资源的领导陈副总裁伸手要高职高薪。陈副总裁对他讲解了集团公司以结果论英雄、以实绩说话的评价原则，说明了“多劳多得，能者多得，高付出高风险者多得，创新创效者多得”的分配原则，希望他干出实绩回报总裁的关照，同时也能得到个人的提升，从而严格维持和执行好公司制度管理原则。

凡是拥有顶级成就的企业，都是善于自律的企业。它们的领导人都具有这样一个品质，那就是极其善于控制自己。他们很清楚自律者才能律人的道理，清楚以身作则的作用。所以他们在品行方面都是一个标准。这为他们树立了威望，赢得了员工的拥护，同时也使得很多政策能够很好地被执行。有了叶总裁的率先“律己”，然后便有了新明珠众人自觉的节律。参与公司制度建设的陈副总裁和负责营销的彭副总裁，都对笔者做过如此强调。彭副总裁还毫不避讳地告诉笔者，几年前，她忽略了一次营销纪律，同样也得接受公司的重罚。

“善为人者能自为，善治人者能自治。”在叶总裁率先“律己”的影响下，自然，所有新明珠成员在工作生活中都必须同样“自律”，哪怕是别的公司认为很小的事情，但在这儿谁也无一幸免。

有天早班，在新明珠三水工业园入口，门卫小舒一眼就看到一位没有佩戴厂牌的员工，于是，拦住对方要求出示厂牌。这是三水工业园强调的一项员工日常守则，以避免外人混入，造成安全隐患。但这名员工却很不耐烦地撂下一句“厂牌在我宿舍里”，就气愤地往里走了。情况反映到有关部门，经核实后，翌日，就按厂里规定做出了相应处罚，尽管这名员工还是一位技术人员。后来，这位受罚的技术人员愧疚地表示：这是董事长都带头执行的，我却敷衍了事，这是不行的，我要吸取这个教训。

有一次，一位记者问叶德林：“您这么忙，还事事处处以身作则，会不会太累?”

叶德林回答道：“再累也得坚持呀，不以身作则，就不可能对大家有感召力。作为公司带头人，有几万双眼睛盯紧我，大家都留意我的一举一动，我必须谨言慎行，不能有半点怠慢。”

“己正方能正人。”榜样的力量是无穷的，员工都在向领导看齐。正是叶德林这种以身作则、身先士卒的表率作用，让新明珠集团所有成员，都不仅仅满足于只做好自己的本职工作，而是向优秀者学习，向榜样看齐，潜移默化，自己的思想境界和道德修养就会在无形中得到提升，从而使每一位得到提升的员工也成为大家的榜样；榜样又严于自律，熏陶和影响着别的员工，人人都争取做到内外兼修，品行端正，作风正派，爱岗敬业，磨砺成一支优秀的团队，进而生产出优秀的产品，成就新明珠企业的辉煌。

第四节
容得别人，宽阔自己

“小胜凭才，大胜靠德。”叶德林走的正是一条中国本色的“大胜”之路，一如他的名字“德林”——道德之林，道德成林，虽说名字是一个人在社会上的符号，但叶德林凭着自己大半生的修炼，使之名副其实，这也说得上是冥冥中的一种造化，是切合了天人合一的最高境界。

老子曰：“上善若水。水善利万物而不争。”叶德林说自己做人的参照物是“水”，这也许与他所处的人文环境有关。他出生于水乡珠江三角洲，傍水而居，开门见水，喜欢弄水——每天早上坚持游泳，风雨无阻，像先贤智者一样，他把“参禅”透了的水的“高德”融入自己的人生。他认为水是最有德的——“为人如水，而不应是山，山必有形，保守不变，固定一方；水似无形，遇圆则圆，逢方则方，随机应变。水利万物而不争功，能伸能屈定向而行，容得别人宽阔自己，水能向下方成大海。”这是叶德林崇尚的水的品德。也就是说，他是从水的这些高尚品德中学习做人做事，从而达到上善至善的。

图 2-11　“中国建材品牌发展联盟在创始成员 21 家股东企业的团结协作下不断发展壮大，我对关心和帮助过联盟的朋友们致以最诚挚的谢意！让我们携起手来共同支持本土品牌的发展，打造一个加速行业兴盛的新时代。”首届中国建材品牌发展联盟轮值主席叶德林在致辞中

图 2-12　叶德林（右三）出席广东省建材行业 2015 年度品牌项目合作启动仪式

起伏是水的主题，也是人生的主题。叶德林学习“水”的品格，无畏起伏，顺其自然，顽强向前，去实现人生的目标。从一个农村青年，到公社水利所技术员，到水利所所长，到集体厂厂长，到私营建筑包工头，再到民营企业总裁……叶德林的前半生，可谓跌宕起伏。在他当上南庄镇水利所所长正要大展宏图时，却一下子跌入了人生的低谷，被“解甲归田”，脱离了事业单位，只能当个体户。但他却很坦然，没有消沉不起，而是像水一样适应起伏，因势而流。在离开水利所的第二天，他就开始上街找事做，他说就是做木匠、做泥水工，也会照样过得很好的，他很早就学会了多种手艺，养家糊口不成问题。“正因为我看得开，所以一年后上级又把我调回镇里来，带队办陶瓷厂，当‘开荒牛’。但是，等到我把陶瓷厂办起来了，却又不要我了，我又成了‘三无’人员。不过我认为也正常，做集体厂厂长不成，那我就做个体的吧，随后我自己组织建筑队，自己做老板，两年内赚了好几百万。只是不久，上级又要我去负责新开另一家陶瓷厂，我想既然领导和群众信任，还是去吧，就放下自己建筑队的丰厚利益，去领一个月一千几百元的工资，因为我明白做人不光是为自己、为钱财而活着，做人的价值应该体现在让大家的生活都过得好。好似水一样，要适应任何环境，在海中是海的样子，在河中是河的样子，在杯中是杯的样子，顺其自然，高就低随，不改其心，不变其志，保持本色，适者生存。”

像“水”一样的胸怀做人。叶德林说：只有容得了别人，才能宽阔自己。水以自己博大的胸怀，接纳各方清浊细流，不管你体积多大，不管你密度多大，水总能容得下你。其实容人之长，也就成己之长。人生的成功需要很多人相助，需要容人所长的气魄，学人所长的勇气，用人所强的心怀，集方方面面长处于一身，从而超越自己，成就自己。

新明珠一厂原料车间副线长谭燕芳是南庄镇梧村人，一个最本色的珠三角农村妇女。高小毕业后，她在生产队的蚕丝厂当了 19 年的抽丝工，1993 年 5 月 16 日进厂，开始是个捡砖工，一干就是 5 年，后调入运料车间，此后就在这个车间干了下来，后当上了副线长。她说自己好运，入得了新明珠，遇上了好老板和好同事，老板心胸广，容得下我们各种人，不分本地人、外地人，不会认为你能力低就小看你，只要尽力做好工作，这儿都需要你。

“我快 50 岁了，可享受退休待遇，但还不想退，若退了还要返聘回厂。这儿福利好，每年我都得到很多奖励，比如年终奖、季度奖、满勤奖、工龄奖；我自己沾老员工的光最多，工作满 5 年、8 年、10 年、13 年、15 年时都有不同的奖金。我喜欢这个大家庭，还把儿子带进来了，现在儿子在二厂做计量工。像我们母子或父子、兄弟姐妹一家三四个人同在新明珠工作的，还有很多家庭，大家都是觉得老板好，才这样争着进来的。”她说自己一家有今天，全靠老板送的福，她叮嘱儿子要好好干，要对得起老板，对得起新明珠……从这名普通的员工身上，我们可以看到叶德林“适岗就是人才”的用人量度，他对各种人才的善用和兼容，以及对任何岗位员工都一样关心、爱护的胸怀，是老板们应该学习的。

这就是叶德林最令员工尊敬的地方。可以看出：有大胸怀，有关心宽容一切人的大胸怀，才是最重要的，如果你没有容量，没有博爱，就无法成为一名优秀的领导者。因为有容量、博爱本身就是一种德能，这种德能可以让叶德林发现他的每一位员工的优势所在。他说他看人总往好的方面看，就总能从不好中看出好来，大材大用，小材先小用，日后再大用。他懂得对员工的宽容、信任与尊重会换来员工对工作和责任的自觉意识，为企业带来最佳的效益。如谭燕芳，在岗工作 17 年竟然没无故请过一天假，更没缺过勤，只是有一年因车间输送带夹伤了脚趾，被“命令”休息了 3 天，第 4 天一早就步行上班了，她怕走路不便，还提前出门，到厂时竟然比别人还早到 20 多分钟。她还用自己每月的法定假日，为有需要的同事“顶班”，成为一厂“顶班”之最。

新明珠集团彭副总裁同样有感于叶德林的胸怀和放权，反而更加严格要求自己，努力承担责任。她觉得叶总越是放权给自己，自己就越是感到责任重大，她对自己说只能做好，不能做坏。“我几乎都没给自己休息日，连星期天也用上，十多年来都是如此。如果我不上班，反而不舒服。有时觉得这样对家庭有点愧疚，但好在家人都能理解。比如2004年底，丈夫脑出血，我陪他做完手术后，当天就坐飞机赶去参加惠万家经销商的会议；某天，女儿胃疼住院，我陪她一夜，第二天一早就赶来上班了。女儿那年高考，我也没请半天假去照顾她……”

这就是叶德林宽容、博爱、信任每一位员工所带来的正能量，而每一位员工有感于老板的好，反而更加严格要求自己，尽一切能力做好本职工作，以回报老板、回报企业。

海纳百川，有容乃大。正因为叶德林水一样的品德和胸怀，所以造就了今天新明珠这个中国建陶业的“高大上”。他的成功给了我们一个有益的启示：容人之长，成己之长，不仅是一种胸怀与境界，更是使自己走向成功的关键所在。

第三章

“德”让顾客满意　用真诚换取忠诚（一）

——“诚信赢天下”让新明珠走向长盛

第一节
“用真诚换取顾客忠诚”

2011年秋天，经济管理出版社为《中国砖王叶德林》（第二版）举行签售暨读者见面会。中国社会科学院工业经济研究所研究员兼该出版社社长张世贤先生专程从北京前来佛山，出席读者见面会并作了讲话，他和读者一起分享了自己从审稿时初次对叶德林这个“砖王”的印象，以及亲眼见识“砖王”的一番感受，感慨地说：“……叶德林先生配得上这个‘砖王’的称号，他所领导的企业成为业界的王者，他是这个瓷砖王国之王，不光在这项事业上创造了中国多个第一，更重要的是在做人方面德高望重，有两万多人愿意忠实地跟着他共同为我们民族产业做贡献，所谓王者，仁也，仁者，德也，有德之人，是‘仁义礼智信’的化身，这正是我们民族一向倡导和尊重的。叶先生的德行政绩，正如他的名字一样，一‘叶’可以成‘林’，靠的是什么，靠的是中间这个‘德’字，怪不得大家都叫他‘德叔’，原来是他的‘德’征服了大家……”随后，他话锋一转，“我在这里还要多说几句，那是我一不留神，竟然成了新明珠的忠实用户。说来也是巧合，我家两次装修，用的都是萨米特

（新明珠旗下陶瓷品牌之一，中国驰名商标），第一次用萨米特时，何止货比三家呀，因为国内瓷砖品牌太多了，比品质，比价格、比设计、还要比服务，萨米特服务果然很好，房子完工

图 3-1　中国社会科学院工业经济研究所研究员兼经济管理出版社长张世贤先生在《中国砖王叶德林》签售暨读者见面会上说：“叶先生的德行政绩，正如他的名字一样，一‘叶’可以成‘林’，靠的是什么，靠的是中间这个‘德’字，怪不得大家都叫他‘德叔’，原来是他的‘德’征服了大家……”

图 3-2　2011 年 7 月 22 日，“中国砖王”签名出售“新明珠成长轨迹”

后剩下几片大瓷砖，他们愿意收回给我退钱，而厨房欠缺的几块小砖，他们又给我送上门来，这才真的是服务到家，所以第二套房又用了萨米特，就认定这牌子。可没想到，萨米特是这个'砖王'生产的，我们家也有意无意成了他的忠实用户……"

用叶德林的话说，那就是："用我们的真诚换取顾客的忠诚。"

新明珠陶瓷集团旗下达 14 个品牌，其中有 5 个获得中国驰名商标称号，这是我国单个企业中唯一拥有如此殊荣的一家，佛山市媒体宣传报道时常以此为傲。想想一家企业能被全国消费者如此认可，从中也可以证明消费者对这家企业产品的追捧和忠诚度。

其实，这也得益于新明珠企业形成的营销文化理念：以我们的真诚换取用户对新明珠企业的忠诚！

有一项数字特别能说明问题：新明珠旗下每推出一个新品牌，在还没正式招商之前，全国各地要求加盟的经销商早已经闻风而动，总是在很短时间内就"挤爆"了预期名额，乃至现在全国各地已拥有 5000 多个颇具规模的品牌经销公司、20000 多家品牌专卖店，参加服务人员达 10 多万人，而已追随新明珠品牌 20 多年的经销商至今仍矢志不渝、忠心不变。

这当然是令人佩服的。大家明白，这一切，全取决于新明珠对待客户的一片真心、真诚的美德。

叶德林告诉大家：在科技日益发达、技术日益进步的今天，产品质量已不足以是消费者追逐的重点了，因为各个企业产品的质量、技术都相差无几，此时，服务的真诚度就成为决定企业在市场竞争中成败的关键因素。所以，叶德林栽培的新明珠旗下品牌，并不是光凭着自己的“好产品主义”——多个中国驰名商标和一系列国家省级名优产品扬名在外就高高在上，而是在做好产品的同时，做好“人品”，也就是俯下身子，真心、真意、真诚为客户着想，让客户在“新明珠式服务”中享受消费，体验感动，从而回馈对新明珠品牌的忠诚。前些年，国内不少消费者反映某些陶瓷企业在售后服务方面跟不上，遇到质量问题投诉也解决不了，相关媒体也指出瓷砖行业产品售后服务比较薄弱，认为该行业的营销与品牌意识还处于起步阶段，对售后服务对产品营销与品牌建设的作用和影响认识不够到位。事实上，我们也得正视更多的陶瓷企业在这方面一直备受好评，尤其是耕耘多年、品牌形象深入人心的陶瓷行业龙头新明珠企业旗下众多品牌，从始至终都追随着那么多的忠实拥趸。

与别的陶瓷企业不同，新明珠的营销业务员，职责首先是着眼于经销商，分布于全国各地的经销商，都有指定跟随的专职业务员进驻“上班”，以贯穿新明珠集团的真诚服务理念，然后再通过经销商的传递或升华，对终端客户体现出新明珠的营销特色。

新明珠营销人员出差绩效的“细节管理”，是非常独到细致和卓见成效的。营销中心规定，营销人员出差期间，务必在每天上午9：30之前，用当地经销商的座机向公司电话报到（上班），在确认已经开始开展工作的同时，也要告知其所在宾馆的名称、房号及电话，内务文秘人员要对电话报到的具体时间进行登记，直至出差结束。营销中心则要检查这项登记的连续性、完整性。负责集团营销的彭副总裁告诉笔者，这其实是他们强调劳动纪律和良好工作作风的体现，是养成做人的良好品性和美德，同时更是为营销人员的工作和安全负责。新明珠集团所有成员都执行上下班打卡的考勤制度，连副总裁也不例外。业务员出差只要是为经销商服务的，准时上班理所当然，而我们每天赶在专卖店开门前到达恭候，以诚意感动和带动客户那边的工作人员，又弘扬了新明珠人真心实意的敬业精神，展示了新明珠人的良好形象。电话报到，既可以向公司报平安，又可以在第一时间与品牌文秘沟通，了解公司当天的重要安排，以便实时与客户进行沟通传达，比如订单安排、物料进度或培训诸事宜，好处多多，于细微处见大作为。归结一句话就是：用真诚换取顾客的忠诚。

2005 年，受燃油、原料价格上涨以及政府宏观经济调控、环保成本增加等因素的影响，我国陶瓷企业停窑限产或关门倒闭了一大批，行业正陷入新一轮优胜劣汰。严冬袭来，寒意逼人，叶德林却带领团队选择用“真诚”与消费者一起抱团取暖。在新明珠集团开年的工作报告中，叶德林用了很大篇幅对向来具有新明珠服务特色的工作方式作出了新的提升和要求，并不厌其烦地叮嘱下属：不管形势怎么变，新明珠的服务宗旨绝不变，就是要以我们的真诚保证客户满意、合作伙伴满意、员工满意、政府满意。眼下行业困难，生意难做，我们唯有在服务方式上转变，即人员角色的转变（多站在员工的角度、业务员的角度、客户的角度考虑问题）、工作方式的转变（主动协作、工作渗透、业务搭建）、服务方式的转变（变被动为主动、变粗放为细致、变外在为贴心）；在服务效果上做到三个确保：及时、到位、满意。坚持为客户提供“金牌服务”，以新明珠人特有的真诚真心，去换取新老客户的忠诚忠心。

图 3-3　见证五百年窑火，传承品质至上的工匠精神，新明珠旗下格莱斯陶瓷“工匠精神，薪火传承”2016 春季新品发布会

随后，新明珠旗下所有品牌营销，进入了一个新的“五星服务时代”，同时也形成了“新明珠服务特色”。比如惠万家陶瓷首先启动了“金牌服务惠万家”战略，用营销负责人李总的

话说：还是坚持叶总裁一贯倡导的“真诚换忠诚”的服务宗旨，推出的“金牌服务”就是打造品牌服务差异化，别人没想的我们要想到，别人没做到的我们要做到，别人做得好的我们力求更好。他们以新明珠员工特有的良好职业态度和职业精神，树立“服务客户就是等于帮助自己”的服务意识。以“用心、迅速、负责任”的工作作风和“怀着感激的心情”为客户提供超值服务，从而赢得顾客的忠诚度。

新明珠旗下品牌的“金牌服务”，让国内同行诸多品牌望尘莫及，极致到了“八化”：服务品牌化、服务有形化、服务全程化、服务渠道化、服务主动化、服务标准化、服务事件化、服务差异化。笔者认为，那堪称是企业为了客户的利益，严于律己甚至是“虐己”的做法，具体表现为：第一，服务品牌化，将服务作为一种品牌去经营，用心用力，一丝不苟，用服务凸显与众不同的魅力；第二，服务有形化，按常规服务是无形的，但他们将之变成具体行动，着力体现出服务的品质、效率、成本、价值等一系列“服务套餐”，让客户看得见、摸得着；第三，服务全程化，注重售前、售中、售后全程式跟踪服务，售前产品信息完全透彻传递，广而告之，售中提供最佳运输方式、价格及最优使用方案等，售后提供产品保养与及时反馈回访等；第四，服务渠道化，将产品的服务渠道向经销商代理渠道、超市渠道、家装渠道、工程渠道以及团购渠道等多种渠道，全面开花，百花齐放，渗透到每根微细血管，真正服务到家；第五，服务主动化，所有营销人员全方位为客户主动提供服务，不遗余力帮助客户调研、分析、策划、推广市场；第六，服务标准化，将服务过程和质量进行标准化，对每个服务项目进行长期跟踪和研究，编制出一套科学有序的流程标准，为客户提供及时、准确、有效的服务；第七，服务事件化，将每个层面的服务形式公开、透明，引入媒体推广，借以社会监督，以此来提升品牌的知名度、美誉度；第八，服务差异化，比同行做得更优越、更精细，以专业、专心、专职、专责以及专人的五星级服务，为客户建设一个最具保障、最具特色、最具持久、最有魅力的服务体系。

所有这些具有“新明珠特色”的与客户互动方式，说到底都是来自叶德林要求的做人本色：凭良心做好产品，做好服务，做对社会有益的企业，也是做一个好老板应具有的美德。因此，新明珠陶瓷集团的“真诚”，令同行大力点赞，在国内引起很好的反响。而新明珠也舍得将自己的经验与中国陶瓷行业同仁共享。就在2012年“3·15”过后，新明珠陶瓷集团在佛山公开发表了《新明珠陶瓷集团售后服务指导手册》，由中华人民共和国国家版权局颁发享有著作权的登记证书，这也是陶瓷行业首例以此方面作品获得法人身份依法享有著作权。《新明珠陶瓷集团售后服务指导手册》在2011年底创作完成，次年初在佛山首次公开发表。这不仅说明新明珠陶瓷集团在售后服务上具有系统、完整的管理方案，同时其成熟的售后服务运作也得到了社会的认可和推崇，是叶德林带领的新明珠人在产品售后服务领域获得的重要心得和成果。

“用我们的真诚换取顾客的忠诚。”凭着叶德林经营企业的信条，新明珠从一个品牌开始到现在的14个品牌，每创出一个品牌之同时，就立即涌出一批忠实的“粉丝”，并且乐意跟随下去，这也是新明珠集团能够多品牌并进、多品牌发展、多品牌共赢的关键所在。

第二节
把“诚信”当企业心脏看待

“诚信”是道德的重要范畴，是五常“仁、义、礼、智、信”之本，是公民的第二“身份证”，即待人处世真诚老实和讲求信用，这是立身之道、处世之道、兴业之道。

叶德林在企业管理中，一直把“诚信兴企”当成是自己从业的根本，其下属对此比喻是“像对待一个人的心脏那样看待”。多年来，叶德林坚持以诚信做人做事，把新明珠集团培育成为“广东省诚信示范企业”，这也成为新明珠兴企的一块金字招牌，成为企业界的标杆榜样。

中国是一个讲信义、重道德的文明国度，自古以来，中华民族就把诚实守信作为人的重要品德，诚信成为人们遵循的普适价值标准和基本美德。人无信不立，业无信不兴。古人就用“一言九鼎”、“一诺千金”等成语来比喻诚信的分量和贵重。“诚”与“信”可以说是中国传统文化的基石。曾子说，每天要三省吾身，其中之一就是“与朋友交而不信乎？”子夏也说：“与朋友交，言而有信。”孔子则明确指出：“人而无信，不知其可也。”通观《论语》，“信”贯穿全篇，也是孔子及其弟子非常珍视的重要道德品质。至于“诚”，孟子则将其提到极高的地位：有“诚者，天之道也；思诚者，人之道也”的说法。可见，“诚”与“信”作为儒家文化的核心思想在塑造中华民族的民族品德上，起着非常重要的作用。而深受儒家文化影响的中国企业家则常被人称作“儒商”，自然是继承了儒家思想的文化基因，并身体力行之。

在新明珠陶瓷集团，叶德林率先垂范，以身作则，诚信做人做事，在他办公室的背景墙上，挂着他亲笔书写的一块用陶土烧成的条幅，那也是他的座右铭：“世间唯诚信值千金。”正己从而达人，让每一个进入总裁办的员工和来客都可以立时获得“心照不宣”的感受，提醒人们每时每刻都要“诚信”当头。不仅如此，他还让市场推广部把这一条幅烧制成陶挂艺术品，作为新年礼物，赠送给新明珠有交往的客人朋友，让“诚信”播洒世间，深入人心。

进入 2014 年新年，新明珠集团又以自己独有的文化为传承，印制了 80 万份自行设计的“龙凤诚信耀明珠”利是封，送给广大客户和消费者，让小小的利是封承载着新明珠“诚信”的正能量，在全国各地手手相传、心心相印，在带给人们快乐祥和的同时，也深深地影响了心灵上的“信”念，这当然也是新明珠 20 多年诚信发展的真实写照，凭“信”立企，诚信在新明珠的发展历程中如影相随。

为商之道，贵在诚信。叶德林谆谆告诫他的同事“天道酬勤，人道酬善，商道酬信”，诚信互惠是新明珠人共同遵守的价值观，也是新明珠立企之本。不管建陶商海风云如何变幻，不管全球金融危机如何肆虐，新明珠陶瓷集团 20 多年如一日，从没有欠过供应商、经销商等合作单位一分钱，也没有拖欠过员工一分钱，始终保持诚实守信经营的真我本色，虔诚地对待海内外每个客商和集团员工，以良好的诚信形象兴企立世，让新明珠这艘建陶航母航向始终不偏不倚，稳健地驶向飞速发展壮

图 3-4　2012 年末，叶德林组织佛山市总商会发起诚信倡议书签名活动：倡议全体会员积极配合、支持“社会信用体系建设”工作，发扬中华民族“诚信、笃实”的美德，遵循市场规则，与同行保持良好的合作与竞争

图 3-5　“各位供应商朋友都是新明珠陶瓷集团的事业合作伙伴，也是我们事业共同体的一部分，感谢大家为我们争创产业链领跑者作出的贡献！”叶德林（中）与新明珠集团 2012 年优秀供应商获奖者在一起

大的理想彼岸。

1998年底，南庄镇属企业明珠一、二厂转制，叶德林和六个伙伴花了3.7亿元竞拍下两个厂，一时造成资金紧缺，对原材料的采购带来一定压力。这时，当地大多数转制的陶瓷厂解决这一问题的做法是用“充款砖”（把库存的瓷砖按价折款推给供应商以充数）交给供应商抵账，有些则拖欠着供应款不还，有些则借口转制躲账赖账等。叶德林认为那是“自己上岸，推人下水”，耍花招失信害人，他看不起这些小“伎俩”，而他保证是怎么也不会卖一块“充款砖”，更不会拖欠供应商的货款。他对明珠厂的供应商说，我们做人都得讲信用，合同上订好的就按合同办，就是借高利贷，也得要按时付款。于是，他不惜从朋友处加息借来3000多万元，坚持按时付款给供应商，让供应商们十分感动，大家纷纷主动提出降价供应原料，说是我们大家吃亏一点，也不让叶总一家吃亏，并且乐意推迟一个月收款。云南省有个经销商听说后，深受感动，认为这样的厂家值得帮一把，立即借给叶德林500万元以救急。这都是有感于叶德林秉持的“诚信”！而叶德林在接受这个经销商的帮助后，这位向来重情义、善感恩的老板，则不肯让人家白帮忙，随后按特别优惠的价格供货给对方，以作补偿。

这也是以“以诚报诚，信信相守”的循环“福报”！

在新明珠500多家供应商中，广东金盛包装公司是新明珠创业初期的供应商之一，相互合作了16年，从一间小纸箱厂发展到广州三大纸箱厂。卢老板说："我们有今天，全是新明珠的支持与合作，全是德叔的关心和帮助。德叔做人做事都把信用放在第一位，是我学习的榜样。10多年来，不管企业转制了、规模扩大了还是市场变化了，我们之间的合作从来没变。他一向坚持按合同办事，甚至宁愿自己吃亏，也不拖欠我们一分钱。这也让我从他身上学到很多宝贵的东西，使我一生受用不尽，教会我要以诚相待，以信做人。我们公司这么多年来也尽自己所能，协同新明珠一起把企业做大……"

广东科达机电是新明珠忠诚的合作伙伴，新明珠使用的生产线设备从磨边线到抛光线，从大吨压机到料车、自动包装线等，基本囊括了科达生产的所有产品。双方自1996年起建立了全面的合作关系后，此后便牢不可破。按科达公司董事长的说法，最看重德叔的一点就是做人做事讲诚信："1998年是新明珠转制时期，账户中自然挂着部分供应商的应付账款，当中也有科达公司的一笔应收账款。当时佛山很多改制陶瓷企业纷纷乘改制之机，抹掉或者以打折支付来拖欠供方的应付账款，但唯独新明珠没有这样做。为体现诚意，德叔早早分别给每个供应商打了'定心'电话：说好新明珠保证按合同规定，不会拖欠大家一分钱，待转制过来，就全部结清。果然，仅仅因为企业转制的工作拖延了一些时日，转制工作一完成，德叔首先下令就是将欠下供应商的应付账款分批结清。你说与这样恪守诚信的人做事，谁还舍得分开？"

与新明珠合作多年的某广告公司负责人曾撰文：新明珠集团每年都开经销商年会，2008 年那次规模最大，集团旗下所有品牌都同在一个会场，气场隆重，开创了行业之最。来自全国 500 多家原材料供应商，有从创业初期投缘并一路风雨相伴过来的，有中途有感于新明珠的诚信合作携手并进的，大家都是看重与新明珠的“诚信”合作走到一起的。叶总为一批优秀经销商发了“诚信”奖，对供应商们表示了谢意和合作诚意，使当场所有的供应商都深受感动。正如叶总的座右铭一样：“诚信值千金。”新明珠正是秉承这样的文化理念，诚信对待身边的代理商、供应商、企业员工和广大消费者，因而也赢得了大家的信任和尊重。供应商代表纷纷上台表示感恩，称：每次年度招标，或产品比价时，新明珠坚守公平诚信，一视同仁，机会均等。与新明珠合作，按章办事，按合同条款办事，按产品质量和要求验收，按规定时间挂账，标注结款日，并准时付款，流程规范，信守承诺，从无拖欠，让每个供应商省心、放心、开心。我们能跟着这样有诚信的企业合作，真是三生有幸！

跟随新明珠 10 多年的供应商陈总说：“新明珠的诚信经营影响了我一生，跟着走会心安理得。有人说供货给陶瓷企业压力特别大，拖欠货款是常有的事情，但在新明珠我是看不到的。新明珠重合同、守信用、财务稳健，准时在规定时间交付货款，从不拖欠。诚信是彼此且相互信赖的。所以新明珠到哪儿我们跟到哪儿，新明珠开拓江西市场后，我们也在江西开分公司搞供应。我看重的就是新明珠从来不失信，所以我们也得学习不失信。比如有一年，我们在化工原料市场升价前进了大批量的货，之后该品种市场缺货严重，单价比原来进货的价格要高几十元一吨，别的企业出高价向我拿货，我也不心动，依然按供应合同的价位只为新明珠供货，一年下来，利润减少200多万元。同行说我傻，我说做人不能唯利是图，我少得了利润，却多赚了诚信，这样挣钱才长久。这也是我从叶老板身上学来的。”

叶德林诚信做人，同时也用诚信造就了新明珠，让“信水”渗透到企业活动的每一个细胞中。

萨米特营销中心的小袁说起自己经历的一件事：我初入新明珠时，有天上午客户刚开了一批货物单，说下午再来装货。没想到公司下午有新的降价促销通知，这批货就在促销里面，相比差额达几万元，该怎么办呢？同事告诉我，还没发货就退单重新开吧，这是公司的诚信原则，宁愿自己受损失也不让客户损失，真是令人敬佩。我之前在别的陶瓷公司也遇到过类似情况，但业务员都不让退单，延迟几天后才将促销信息告知客户，因为退单还要罚款，要跑相关的麻烦手续，同时优惠后销售额大打折扣，不仅公司损失，业务员业绩也受损失。我们新明珠的做法却是这样，宁愿自己损失，也不让客户损失，诚实做人，诚实做事，从而以此获得客户更多的信赖和支持。所以我们公司成为国家首批中国建陶行业AAA级信用企业，可不是徒有虚名的。

第三节
用“公益善行”做营销

心中有爱，手上有物，而又乐于助人，乐于分享的秉性，让叶德林这位从事制造业的企业家，一直对社会大众有着一份深深顾惜的情怀。因此，与他创业同步的，是他一贯以来源源不断的对社会所做的分享行动。

而最让大众敬重的，则是他近年来带领新明珠团队推行的一种积极的“公益营销”。这种“公益营销”，以关心人类的生存发展、社会进步为出发点，借助公益活动与消费者进行沟通，在产生公益效果的同时，使消费者对企业的产品或服务产生偏好，并由此提高品牌知名度和美誉度，从而达到利国利民利己的目的。虽然，这个公益营销行为，我们不能确定是叶德林在国内首创的，但一定是佛山陶瓷企业界第一个这样做的。

叶德林一向热衷于高尚的公益事业，广结善缘，用自身的行动阐释了“和谐共赢、利益共享、主动回馈社会”的价值取向，带领企业成员在国内大小公益活动中留下难以计数的忙碌身影。他又是个做事特别“有心”的人，也善于有先见之明，于是，在把企业生产的产品送到有需要的人手上的时候，他也能报以一种“舍得”的情怀，避开世俗的视野，搭上了“公益”的快线，驶向“福利”营销的彼岸。这样一来，更使得我国传统营销的理念有了一个创新的含义，也让德叔风格的公益营销等新思路、新方法在各个行业迅速传播开来。

这也是一种崭新美好的德行!

《新浪家居》记者早期访问过新明珠集团，曾这样发问：“新明珠在公益营销之路上走得比较早也比较久，我曾看到有人评论你们的有些活动是‘大集团在烧钱’，做公益总会引起各方的议论，你们做公益营销的出发点是什么?”

负责这方面工作的李副总回答：“人心有好有坏，有善有恶，我们是从善这个层面出发去做公益活动。我非常敬佩我们老板的一点，就是他的心中有人。我们做一切的营销出发点就是针对人去做的，不同的企业有不同的选择、不同的人有不同的理解，我们这个企业更多的是选择这种善良，选择我们自己的良心去做我们的营销宣传工作，所以有很多人感觉好像是不太理解，慢慢有缘分的人一定会看得明白。”

当记者问到新明珠的营销活动在公益这一块是否有一个规划，还是只要跟公益相关的活动都会参与进去时，李副总表示：“有规划，我们的力量也有限，好钢也需要用到刀刃上。近年来，新明珠对慈善的践行更上升到一定的高度，各品牌逐渐把爱心活动融入到营销当中，联动全国经销商组成爱心联盟，把新明珠的爱心送到一些贫困山区、学校中，从简单的捐钱捐物转变成为爱心活动的发起者和践行者，引起社会对帮助对象的共同关注，同时也大大提升了企业的美誉度……”

近年来，叶德林让新明珠在践行公益慈善事业方面渗透到多个层面，各品牌逐渐把爱心活动融入到营销当中，他们联合新明珠全国经销商万人团队组成爱心联盟，把新明珠的爱心送到全国各地贫穷山区中去，从简单的捐钱捐物转变成为爱心活动的发起者和践行者，让全社会共同分享新明珠人创造财富和精神财富的快乐。

新明珠目前拥有 2 家大型集团公司、3 大现代化环保建陶工业园，成了当今全球最大的建筑陶瓷生产商。因此，从 2012 年初起，新明珠旗下各大品牌纷纷以“献爱心”的形式，让全社会来“分享”自己。

图 3-6 来自全国的新闻媒体朋友，聚集在新明珠酒业基地，兴趣盎然地感受其在行业中的芳醇气息

2012年5月20日，新明珠旗下萨米特品牌在总部开展“爱童行，汇爱心”公益营销活动，成为新明珠开启新型营销的第一站。活动取得良好的效果，并逐渐辐射到萨米特全国经销商。长沙萨米特是首个爱心接力站，新颖的促销方式让当天签售总量达120单，筹集爱心善款数万元，全部送往湘西保靖两所贫困山区小学，活动的成功受到了全国经销商、消费者以及众多媒体的关注。2013年萨米特慈善营销再度升级，终端活动一片火红，并先后为多个偏远山区、小学添置基础设备，如在电白南路小学设立爱心图书室、在厦门福庭小学建爱心食堂、在银川为李寨小学修建水井等，一站站的爱心活动送去了一份份的关爱和希望，萨米特爱心步伐先后走过长沙、重庆、北京、宜宾、湘潭、厦门、赤壁等50多个城市，举办了数十场活动，通过爱心拍卖和经销商捐赠等形式，筹集、捐赠资金500多万元，帮扶了成千上万名有需要的贫困学子圆梦，取得了社会和企业美誉度的双丰收。被国家陶瓷行业权威机构评定为“2013年度中国陶瓷十大营销事件”。

与此同时，新明珠旗下品牌冠珠陶瓷也启动了“冠爱行动·美丽童行”大型公益活动，首先在全国范围内选择了20个城市，对应甄选了20位冠珠陶瓷的经销商，一对一帮扶四川大凉山的20所贫困学校，共建20所“中国高海拔爱心圆梦图书室”，为大凉山的孩子送去成千上万册图书和学习、生活用品等其他爱心物资。随后又携手“美丽童行”爱心大使、“感动中国”候选人、“慈善中华行杰出贡献人士”叶树元，开创一种“慈善与文化艺术联姻救助贫困”的新慈善模式——“美丽童行”大凉山爱心之旅Ⅲ，再次走进大山深处，将一批书画、摄影、陶艺作品送到高海拔贫困山区学校展览，让那里的孩子感受文化艺术的魅力，点亮求知的梦想与希望，帮助更多的贫困孩子圆读书梦。

图 3-7 新明珠全国终端专卖店两万多家，同时“用心做慈善，用行动做慈善”，厂商一体的公益慈善营销活动赢得了社会各界广泛关注和肯定

图 3-8 新明珠旗下品牌冠珠陶瓷举行“冠珠 20 年，大爱 200 城，圆 20000 个学童梦想”公益营销活动

新明珠旗下品牌格莱斯则联合壹基金等慈善机构发起“天使行动”，捐资救助国内的白血病儿童；旗下品牌惠万家陶瓷的“大手拉小手·关爱留守儿童”，为贫困乡村小学募捐教学物资等活动，在全国380多个经销商网点开展促销义卖捐赠，把筹得的善款捐助给需要帮助的留守儿童家庭或者学校，建立爱心图书馆、电教室与文体室，以实际行动帮助留守儿童解决实际困难。

新明珠旗下品牌惠万家也积极试水公益营销，联动经销商在广西横县举办“聚爱心，惠同行”资助马山乡贫困学生专场义卖活动，一次就募集到20468元爱心善款，全部援助给当地贫困学生，同时活动也促进了喜人的销售成绩，让消费者真正享受到购物的快乐……

除终端营销活动外，新明珠集团在微传播上也走上了公益路线，以关注社会问题、提高社会道德风气为主旨推出数部公益微电影，如冠珠陶瓷倡导为梦想奋斗的《致梦想》；冠珠卫浴、德美、惠万家推出的以关爱老人为题材的《心谣》、《中国合租人》、《爱如初》和《一寸光阴》等，情节感人，寓意发人深省，向广大员工和“微粉丝”传递着感念亲恩、及时行孝的传统美德。公益性的微传播，也将企业的社会责任感深深注入企业成员和消费者的心中。

新明珠集团形式各异的公益慈善营销，已赢得社会广泛的关注和好评，而厂商一体的公益慈善营销活动，也赢得了新明珠各地经销商的积极参与及社会各界的欢迎，并在各品牌终端活动中开花结果，绝大部分爱心活动都取得销售和品牌社会效应双丰收。各地的新明珠经销商高兴地反映说，在各个公益营销活动过后很长时间，还有许多顾客、市民反复提起各品牌和爱心活动，良好的成效吸引更多的经销商主动要求参与这项爱心行动。这也引起全国媒体的长期关注，被记者称之为“很有温度的善行”。可以说，新明珠的公益营销行动，其意义已经远远超越了本身，这也是叶德林倡导的公益营销的独特魅力，从而形成了一种“多赢”的社会局面。

我们看到，叶德林倡导的公益营销，之所以被社会普遍认可、接受，这主要体现在它不像传统营销观念那样急功近利，也不像体育营销、艺术营销那样充满着纯娱乐色彩，叶德林公益营销对公众利益的尊重和支持，体现出的那种莫大的人性和道德关怀是别的营销形式所无法企及的。

爱心无价，营销有道。公益营销是一个新的企业营销命题，也是一个很有正能量的社会命题，它关系到社会公益内延的丰富和拓展，也是企业重要的营销策略之一。新明珠人认为：在新明珠企业，“义”与“利”已经以一种富有新时代的方式，奇妙地融汇交织在一起，无论是对社会价值体系的重构、完善，还是市场营销的创新发展，都具有深刻的意义。在走向未来的道路上，他们还将对企业公益做出更多新的注解和探索，也希望社会多一分宽容和支持，以让企业公益营销能够在新明珠企业创出一片崭新的天地，给我们社会和大众带来一种新文明的“温度”，让慈善大爱像阳光空气，充满世间每一个角落。

第四章

“德”让顾客满意 用真诚换取忠诚（二）

——“诚信赢天下”让新明珠走向长盛

第一节
用心提供物超所值产品

做一个好的实业家，首先是要用心为大众提供好的产品，叶德林把好产品定为“物超所值”，这显然是比通常的说法“一分钱一分货”要求要高，是指产品超过了原有的价值，也就是性价比高，从而让消费者得到最实惠的好处。

基于良心和道德，看重产品实用价值的叶德林，在做实业时为企业和自己定了个底线，他对做好产品有过一句很有名的口头禅：“产品质量大过天。”从20世纪90年代开始，他就为新明珠建立了严格的国际质量管理体系，同时规定新明珠做出的东西都要“物超所值”，让消费者获得最大化的利益，提出新明珠企业的目标要做到“凡是有家的地方，都要有新明珠的产品”。而强调新明珠的产品要“物超所值”，首要的是质量要做到最好，没有质量其他一切都免谈。比如做瓷砖，集团的一位副总经理就这样表述：“新明珠企业是通过好的产品质量与合理的价格向社会和客户传递关爱和责任的，虽然不同消费层次的人对瓷砖质量有不同的理解和选择，但是，无论如何有几点必须坚持：第一，平直度、吸水率、硬度及抗折强度等必须符合国家标准；第二，制定比国家标准更严的内控标准，要能满足这个时间段消费者对于产品质量的要求，企业一定要有能力察觉消费者的要求；第三，质量不是说单片砖好，而是整体要好要稳定，所以我们对质量的控制是要求持续稳定地保持一个较好的水平。一个企业能制定满足消费者需求的标准系统的能力，是保证这个企业持续稳定质量的重要基础，持续稳定地保持产品质量满足消费者不断提高需求的能力，是这个企业具备强大质量保证能力的体现，新明珠就是拥有这种能力的企业。”

有好的产品质量，还得要有个低的生产成本，也就是让产品达到物美价廉，并舍得让利消费者，从而才能让消费者分享到“物超所值”，这是制造业制胜的手段之一。大家都知道做“好产品”很难，而要做“物超所值”的好产品就更难。但叶德林却认死这个理，再难也要这样做，否则你就超不过别人，也对不起顾客，你的事业就做不大。叶德林从小就有多种“手艺活”的天赋，木匠工、泥水工、修理工样样都是好手，被乡人称为“周身刀”，所以在做产品方面能“触类旁通”，这是他比同行老板的优胜之处。同时，叶德林比任何建陶老板都懂得“工欲善其事，必先利其器”，舍得花本钱建厂和购置先进设备，他建的第一家厂就是当时佛山陶企的样板厂，被列为全市环保免检单位，产品被评为国家轻工业部优质产品；后来的三水工业园、禄步工业园和江西高安工业园，都是中国建陶行业的样板生产基地，成为当地政府指定对外接待参观考察推广的示范点。新明珠的60多条生产线，全部是国际上行业领先、高效的现代化超大型生产线，实现“一条线、一品种、一规格、一花色”的规模化生产，也就是在一个车间内，一条生产线长时间稳定地生产同一品种、规格和花色的产品，避免那些小厂因转换一个花色品种随时停线的损失，比别的生产厂大大提高了生产效率，并能有效地保证产品质量，最大限度地降低了生产成本。此外，再加上叶德林为人处世的好秉性，也就是德行在先，在企业内倡导做产品是为消费者着想的，把更多的利好让给信任新明珠的消费者。叶德林说：“我们把‘物超所值’当作新明珠的好产品定位，还在于我们是规模化大生产的企业，量很大，能够做到在单位成本上实现低成本。瓷砖是大众化产品，但我们确定新明珠产品要满足大众化首选的需求，同时又获得物超所值的享受，因为通过我们制造出漂亮的产品装饰效果，给大众提供一个超越视觉之美的生活品位。现在的瓷砖消费已经从关注耐磨、环保、装饰效果的阶段，发展到视觉享受、艺术品位的生活主张层面，瓷砖已成为人们的一种生活方式的体现，人们生活水平越来越高，就更多追求的是精神层面的自我实现，那更是物超所值的体现。”由于很好地融会贯通了叶德林“善待消费者”的思想，新明珠员工自觉用心对待工作，以高标准、高效率的工作方式效力企业，倡导节约增收，杜绝哪怕是一滴水、一度电的浪费，做到人尽其才，物尽其用，这就造就了新明珠产品强大的产能和高性价比的优势，也就最大限度地降低了企业的生产成本，因而也就可以顺理成章地提供物超所值的产品。

图 4-1　见证五百年窑火，传承品质至上的工匠精神，新明珠旗下格莱斯陶瓷“工匠精神，薪火传承”2016 春季新品发布会（2）

图 4-2　2016 年 5 月 16 日，新明珠旗下“冠珠陶瓷品牌战略升级暨 Angelababy 见面会”上，叶德林把冠珠陶瓷创作的 Angelababy 形象陶瓷作品赠送给著名影视女星 Angelababy，双方在陶瓷上签名，国民女神表示，冠珠给她的感觉很时尚，很有质感，自己接下来装修房子将选用冠珠陶瓷

此外，有着多种“工匠”手艺出身的叶德林，一向追求严谨敬业、完美极致、精益求精的“工匠精神”，所以特别注重在新明珠产品打造上的“原创性”、“唯一性”，坚持发明创新，坚持原创设计，“虽然被模仿，却从未被超越”，以自主开发创造的原创产品投放市场，为消费者提供最优质、最出新的产品，这也成为新明珠的核心竞争力之一，即企业能给顾客带来特别利益，使企业获得超额利润的一类独特的技能和技术，是企业开发独特产品、发展独特技术和发明独特营销手段的能力。因而新明珠产品一直是行业的“风向标”，在每次全国性重大工程招标或建陶产品国家采购竞争中，新明珠品牌家族总能一举胜出，比如人民大会堂、首都新机场、北京奥运场馆、广州亚运工程、上海世博会等代表着一个国家形象的标志性工程，都笃定地镶上了这颗熠熠生辉的“新明珠”。也就使得新明珠在众多品牌中独占鳌头，同时也让更多的消费者认识并信赖新明珠品牌家族。因此，新明珠产品被公认为“物超所值”并得以大行其道，也就不足为奇了。

第二节
尽心提供全程超值服务

遵守“做有良心的企业”的初心，这么多年来，叶德林带领新明珠集团坚持了一条最本分的做事原则：“为用户提供全程超值服务”——以用户需求为大，搭建属于自己的一条龙服务体系，不断探索和创新服务方式方法，构建高效、快捷的售前、售中、售后服务通道，建设以用户最高满意度为服务目标的客户服务团队，尽心尽力向全球用户提供高质量的超值服务。这也是行业内出了名的。

叶德林对新明珠营销中心的工作有一个最朴素却是最“利众”的指导思想，即“卖新明珠产品，就是卖最好的服务”，请注意：这是“卖”，不是“买”，也就是要求出售方，既是新明珠自己，也是叶德林最本色的做人原则，即做事情先做好自己的本分，并且同时记住要有利于别人。

所以，你很难想象，在新明珠品牌与客户之间，其实形成的是一种“仆主”的关系，叶德林对此解释是“我们不能高高在上，而要低客户一等，要好似下人一样服务好我们的衣食父母”。因此，围绕这个做事原则，新明珠品牌形成了自己的“服务文化”——服务宗旨是“以优质的产品，贴心的服务，超值满足客户需求”；服务理念是“周到、热情、耐心，急客户所急，想客户所想”；服务口号是“五心”——“热心、专心、细心、耐心、贴心”。各个品牌成立专门的客户服务团队中心，对客户实行服务专业化、规范化、制度化跟进及精细化管理；24小时售后服务电话畅通，热情、准确、客观地帮助客户解决产品使用过程中遇到的问题；开通营销总经理投诉热线，24小时受理经销商、用户对营销人员服务水平的监督及投诉、建议及意见；全方位参与经销商的展厅建设、广告策划、网络拓展，提升销售技巧，进行市场调研，建立客户档案，同时举办各种培训实操班，与客户一同成长。第一个在佛山推出“（展厅+超市）6折特惠+免费送货到家”服务，凡佛山五区内消费者，

图4-3 一个企业，成了一个地方的旅游名胜景点，成为代表一个城市经济发展的名片

图 4–4　新明珠集团营销管理中心 2011 年中总结大会

在新明珠集团属下任何一个品牌购买产品满一定数额者受到优惠和便利，开佛山陶瓷企业把展厅变为超市先河。

售后服务是新明珠制胜终端的利器，也是新明珠人以履行叶德林倡导的“用心做好事情”的工作原则。比如新明珠卫浴考虑到产品售后对品牌的影响及卫浴行业的专业性，秉承了“一切为了客户”的核心服务目标，为提高售后服务的效率，全面开展创新营销意识，以经销商 QQ 群、售后服务 400 专线网上与线下沟通渠道，一方面，出现售后问题可以第一时间通过 QQ 群提出疑问，通过售后处理流程及时将问题反馈到厂家；另一方面，借助服务专线，将问题落实到专人，有效提升了解决问题的时效性，提升客户对品牌的信心和忠诚度，为新明珠智能卫浴终端服务的提升开创了新局面。

叶永楷说：“我父亲教导我，做产品要一心想着用户，先要把产品做好，再就是服务好人家。”这个新明珠集团常务副总裁，在2015年新明珠营销中心年会上，就产品和服务及创新三大战略做了报告，规划新的一年是新明珠集团的服务年，力求把服务做深、做全、做透，让“服务营销”继续成为营销战略的核心之一。通过专业化、全方位、高价值的服务，贯彻落实集团“一切为销售服务”的政策方针。更重要的是帮助经销商伙伴全面提升经营管理水平，打造经销商在当地的核心竞争力，帮助经销商抢占市场，实现逆市飞扬。新明珠集团彭副总裁在营销会上指出2015年的发展方向：董事长要求我们“凡是有建筑物的地方，我们经销商就要全力去抢占，企业会尽最大资源去支持，宁愿让利，也不能让市场”。要求经销商朋友行动起来，全力以赴去抢占每一个小区、每一个工地、每一个渠道、每一个消费者，还要抢占最有利的市场位置、最好的联盟和分销伙伴、最有效的推广渠道。我们还要整合、发动自己一切资源，利用一切条件去营造竞争优势，寻找突破口，尽心尽力提供全程超值的服务。

创造物超所值的产品，提供全程超值的服务，利人利己，大家赢才是大赢。叶德林在阳光下做企业，让全社会都看得见、摸得着。

第三节
不让一块“黑心砖”出厂

“做人最紧要是有良心，做企业要做有良心企业，挣钱要挣得其所，内心才安乐。”叶德林说。

叶德林创办新明珠陶瓷 20 多年，从 3 条生产线到现在 60 多条生产线，墙地砖年产能超过 2 亿多平方米，品种、规格数千种。然而，产品质量至今还未曾出现过一桩被有关质量部门处罚事件。这一现象，在中国制造业中公认是绝无仅有的。

这其实也是叶德林以“良心”做人做事为准绳所决定的。

在进入建陶行业前，叶德林就提出“做一块好砖，做一流企业”的宏愿，随后还把这一宏愿用钢铸大字镶嵌到工厂大楼顶上，昭示天下。他对大伙强调：我们凭良心赚钱，绝不能让一块“黑心砖”出厂。他竟然是用“良心”来要求大家做好产品质量，这可能也是有别于其他企业家的一种做法。

用做人的良心来做好砖，让顾客用到百分百的放心砖，叶德林在新明珠创业一开始就走国际质量标准路线，在全国同行中第一个通过国际质量、环境管理 ISO 认证标准体系及通过我国的 3C 认证等，集团荣获“广东省用户满意企业，用户满意产品，用户满意服务”、“三满意企业”。同时，叶德林以办国际“一流企业”为追求，在行业中第一个推行建立“企业标准化体系”，覆盖了企业生产、经营、管理及技术活动的全过程，完全符合国家“四个标准”要求，确认为AAAA级标准化良好行为企业。新明珠的诸多标准，都被认定为“超标”的，做到行业第一，这也是新明珠企业的核心竞争力之一。此外，叶德林还积极参与中国建陶工业协会、中国建筑卫生陶瓷协会、广东陶瓷协会等行业标准化技术委员会方面的工作，组织新明珠集团参与国家陶瓷行业标准制定工作，新明珠集团成为参与制定国家行业标准单位，参与全国建筑卫生陶瓷标准化技术委员会归口的各项国标、行标的制定和审议工作；参与多项国标、行标的制定及修订工作；参与佛山陶瓷联盟标准的制定工作；还提出了“干压陶瓷超薄墙砖”新国标立项申请。对生产企业和产品都建立了一个国家的标准，从而看出叶德林对做有“良心”企业的执着和努力。

2004年，佛山许多抛光砖厂被一种“格子纹”毛病侵袭，使得抛光砖在包装后背纹印在与其贴一起的瓷砖正面抹洗不掉，发生严重质量事故，后来证实这是因为使用的防污蜡防污能力超强，但干透需要时间较长，不适应在线连续生产而引起的。以致用户的投诉和追究，使得那些有问题的企业猝不及防，未能及时把关和补救，甚至还和用户扯皮或推卸责任，致使声誉遭受重大损害，有的甚至产生了危机。由于此质量缺陷是由原料问题所引起，因而，新明珠工厂生产的产品也难以幸免。但是，还在新明珠集团刚刚接到第一个经销商打进来的反映电话起，从生产、质检、营销到集团所有部门立即“动”了起来，叶德林更是连夜发动全体有关人员，不惜一切代价，将已经发出去的“问题产品”从各地经销商仓库全部调回佛山处理，用了七天时间连续作战，最后确保没有一片“问题砖”流出市场，消费者还没来得及察觉，问题就被“掐灭”了，只把损失收拢在企业本身，并尽可能降到最小。这样一来，反而得到经销商们的大力拥护和好评，更加增强了消费者的追随和忠诚度。对于这次对产品快速反应和“修补”品质事件，随后新明珠高层的思想也受到了很大震撼，有位副总对笔者感慨地说：“叶总向来主张做最好的产品，任何时候都不能亏欠消费者，所以这次对待问题产品的处理，就好比对待一次‘企业危机’一样，高度重视，高度负责，态度诚恳，不惜代价，就一个心思：不失良心，不失顾客。我们从中也受到很大教育和警醒！”据《新明珠》报道：过后连续一个月，叶总还在“追究”和“检讨”自己与企业工作上的过失，并召开各种会议，重新修正和加强企业内部质量管理体系，告诫大家要以此为戒，严格把好产品过程的每道关，用百分百的努力，做百分百的好产品，保证让每一个用上新明珠产品的客户放心、安心、开心。

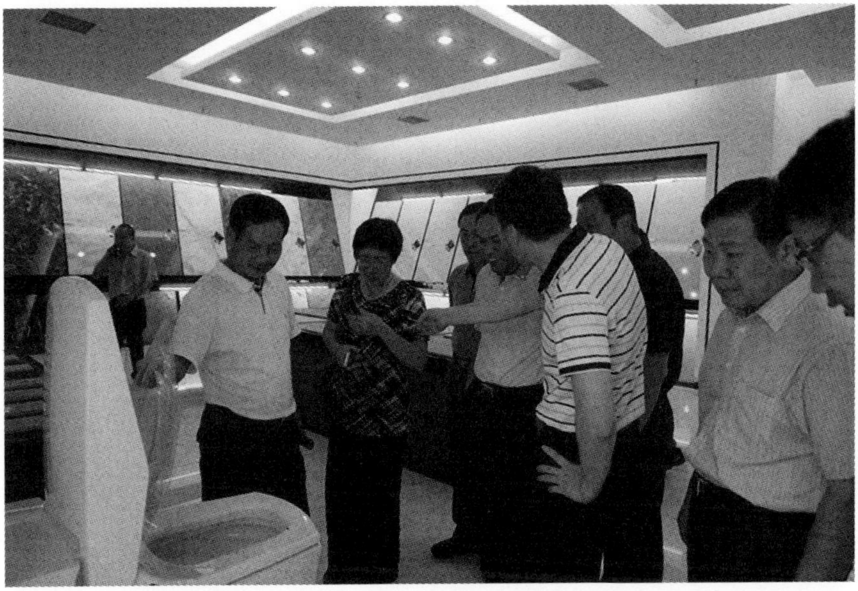

图 4–5 叶德林（左一）向佛山市政府顾问团介绍新明珠的产品

图 4–6 广东省工商联杨浩明书记等领导到新明珠调研

凡是从事陶瓷企业的人都知道，无论是旧厂的检修、技改，还是新厂建成扩大再生产，都是陶瓷企业生产和产品的一段危险期，也给生产技术人员带来很大压力和考验，而在叶德林的主导下，20多年来，新明珠企业无论是旧厂还是新厂的复产试产，都能确保平稳高质过渡，而且周期也是最短的，江西新明珠陶瓷基地试产头三天，优等品率即达到95%，绝不允许有半片“黑心砖”流出市场，堪称业内模范，这也足以证明新明珠团队向心力和执行力的强大。

在产品同质化、品牌仿制化相当严重的陶瓷行业，叶德林本着做“有良心”企业的法则，让产品体现出真正的价值，更要对得起每个顾客。所以，他舍得加大投入成本和精力，在业内率先成立以倡导环保与创新为主题的两家陶瓷研究所——北京新明珠绿色陶瓷研究所和新明珠创新研发中心，也是至今业内同时拥有两大陶瓷研究所的企业，做到双管齐下，使得新明珠产品具备了独有的质量优势。还特聘一批全国著名的技术权威专家及材料科学专家入驻，配置了现代先进的科研设备，加大新产品、新技术的研发力度，特别是将建筑卫生陶瓷以及绿色环保陶瓷的研究开发作为长期性重点投入，集团公司承担起数十项国家级、省市级科技攻关项目，目前已拥有500多项发明专利、实用新型专利和外观设计专利，在专业生产、生产规模和综合配套实力等方面都树立起行业标杆的作用。

用良心把持好做企业的底线，不但自己不让一块“黑心砖”出厂，而且也不容许别人利用新明珠的名义制造、贩卖“黑心砖”。所以，叶德林最看不起那种靠耍小聪明做“山寨”、“水货”的卑劣行为，他认为办厂也要像做人一样，堂堂正正，不偷乞拐骗，不造假贩假，更不能假冒别人来坑害别人。这些年来，作为建陶行业龙头企业的新明珠陶瓷集团，由于信誉好，名声在外，产品一直被别的厂家跟风、仿冒、造假，甚至连集团形象也被仿冒复制，发生在全国各地的仿冒、商标侵权几乎到了疯狂的程度，知识产权被侵权事件层出不穷，打击了一茬又出现一茬，大有被“山寨”压倒之势，以致新明珠集团名誉和利益都受到极大的损害。譬如 2010 年 4 月，某省以假乱真、偷梁换柱，成立“×××新明珠陶瓷有限公司”，到处散发招聘广告，让人误认为就是业内有名的新明珠陶瓷，在消费者中造成较坏影响，给新明珠集团名声带来很大伤害；仅 2013 年，在全国就有 4 省市发生 10 多宗新明珠陶瓷集团产品被严重侵权行为，涉案价值达千万元。叶德林一直把维护消费者的合法权益放在企业经营的首位，因而对打击假冒伪劣产品的态度从来都是十分坚决的，公司在 20 世纪 90 年代就专门成立了市场监察部、法律部，配备专职人员，积极运用法律手段，维护企业品牌形象及消费者权益，防止消费者购买假冒伪劣产品，同时多层面加强品牌的建设和规范市场的维护工作，协同有关部门依法对各类违法犯罪行为进行取缔打击。然而，新明珠陶瓷旗下 14 个品牌，其中 5 个中国驰名商标，多个省级著名商标产品，每年仍然被那些“黑心”商家仿制造假，防不胜防，屡禁不止，泛滥成灾，这让本来就憎恨生产“黑心产品”的叶德林更加苦恼和无奈。不过，叶德林仍然没有改变自己要做一个“有良心”企业的信念和追求，他除了坚持带好头，做好新明珠企业的“本心”、“本分”之外，一直在向中国企业同仁发出自己良心的声音，并乐于为之呼吁、奔走。

他始终坚信道德的力量！

| 第五章 |

“德”让员工满意 企业长生有力量

(一)

——“家文化”造就和谐共荣新明珠

第一节
造个“大家庭”，造福三万个“小家庭”

在探讨中国民营企业生存和发展的命题时，笔者曾就一个看似简单、却有着复杂内涵的共同话题，向国内一百位民营企业家做过征询问卷：“你做企业的目的是什么？”

得到的答案五花八门、千差万别，但叶德林的说法最简单且直接，那就是：“先解决3万人就业，为3万个家庭谋利。”

这让笔者想起2009年大年初一，那天，在新明珠总部新装修过的总裁办公室里，我们众朋友向德叔拜年，热情好客的德叔还是保持往日的习惯，谢绝秘书的帮忙，自己亲手为朋友们泡茶、斟茶，脸上始终洋溢着“德叔风格”的谦恭微笑，显得平和、自信和乐观。在谈及企业的未来发展与自己的心愿时，德叔却十分认真地说：“我这辈子做企业的最大愿望，就是起码要做个拥有3万员工的企业，最少解决3万人的就业，为3万个家庭谋利。如果条件允许，我想未来5年左右就能实现它，我有这个信心。”

没有夸夸其谈，没有豪言壮语，简单朴实，平平淡淡，一如德叔的为人。他做企业的最大愿望，竟然一直都是那么实在，那么接地气，就是做到几万员工的企业，解决几万人的就业，为员工得到发展服务，为数万个家庭谋利！也就是说，他心里想着的始终是他的员工，是为社会提供更多的就业机会，为更多的家庭幸福着想，让更多的员工过上理想的生活，实现更多人的梦想。

诚然，这里体现的，正是这位企业家的精神、企业家的梦想和企业家的价值观。

我们千万别小看这几句话。可能在那些所谓的大企业家中，做企业以做到多少员工为愿景的没几个，他们说得最多的，是什么时候进入世界500强，是利润率多高，是市盈率多少倍，而不是关心社会价值、员工价值和客户价值，其实那不算什么愿景，顶多也只是个伪愿景，只靠利益驱动的企业，即使做到500强，也得不到社会真正的尊重。

图5-1　新明珠陶瓷厂初创时成员合影，叶德林还是像往常一样站在员工们后面

图 5-2 新明珠集团一年一届的全国经销商年会

抱着“为更多人实现梦想和为更多家庭造福”的目的来办企业，叶德林这个想法看似简单而绝不简单，实则就是“为人民服务”，其内涵却非常厚重、高尚，高尚到可以看作是从事“惠民济世”的事业，因为他的出发点并不在于一己私利，而在于普世价值，这才最难能可贵。还有他不会唱高调，说大话，他是实实在在地用自己一生的心血在做，在努力。一次次继续开疆辟壤、拓展大业，继续招兵买马、广纳贤士，继续供养着无数家庭，意在福泽芸芸百姓。在把新明珠建陶做大做强到世界第一时，仍然抱定初衷不变，不满足，不停步，进而进军房地产业、酒店饮服业、红酒业、金融业以及高尔夫场馆业等领域，也就是在延伸产业链上实行多元互补，因为这样把摊子做大了，就可以增加多一点岗位，就能安排多一点人就业，也就可以帮助更多的人实现自己的梦想，帮助更多的家庭解决生活出路，为大众谋更多的福利。

诚然，这才是真正的“大德”、“大善”！

此外，还有更可贵的一点，则是体现在德叔身上的另一种高德，那就是：他把“先解决3万人就业，为3万个家庭谋利”看作是“有那么多同事帮我做事，我要对他们负责”。本来是他帮助别人提供就业机会，但他反过来认为这是别人帮他做事，他要感恩，他要为别人负责，他要扛起这个压力和责任，所以一直善待这些“同事”，与同事们同舟共济，共同分享。一般来说，大多数老板做企业的想法，就是为自己赚钱过富裕生活，但叶德林却很早就这样回答：“如果做企业只为自己生活好过，那我20年前就够了，但不能这样呀，你既然做开了，还有这么多人跟着你一起，那就不光是你个人的事了，你得为大家负责，为社会负责……”叶德林吐露过自己的心声：“我只是出自‘本心’，想要发挥自己的一点‘本事’，尽量体现出自己的一点价值，为社会做多点事情！”由此可见，其以如此宏愿执着于办企业，显然已超出了一般谋利的意义，而更多的是济世情怀了。

在佛山政府安排的一次企业经验介绍会上，叶德林还发自肺腑地说过这么一席话：

我始终认为，企业的成功靠团队，而不是靠个人。优秀的团队能创造企业发展的奇迹。新明珠陶瓷集团在选人用人方面，一直以“本心和本事”为原则来衡量。我觉得品性好，做事踏实，适合岗位的人就是企业需要的人才，人才是企业最大的财富。我一直相信我们的同事，相信我们的团队。

和谐凝聚力量，齐心成就伟业。我从心里面一直把同事当作自己的亲人，也希望同事们都能把企业当作自己的家，同时，我也在努力为大家提供一个家庭般温暖、安心、舒适的工作环境。近几年，我们连续调整、提高员工的收入和福利待遇，在用工管理、工资管理、社会保险、员工自助基金、员工创新奖励基金等方面也全部实施规范化、制度化管理。为员工兴建宿舍，解决员工的住房问题，为员工开放餐厅，解决员工的饮食问题，有效保障了员工的安全和健康问题。我们进行了大力的环境治理，仅三水生产基地就投入数千万元的资金，进行大范围的绿化和高雅生活娱乐配套设施建设，使工业园绿化面积超过45%，为员工创造出优越的居住环境，不断提高员工的生活质量，培养员工对企业的归属感和认同感。

与此同时，我们还开展了大量的企业文化娱乐活动，丰富员工的精神生活，如游园活动、篮球赛、女子运动会、演讲比赛、歌唱比赛以及元旦文艺晚会等。还定期举办专业知识讲座、安全知识讲座、管理知识提升等培训活动。同时，还经常组织员工同喜同乐，分享成功，如新明珠陶瓷集团十五周年庆典活动、改革开放三十周年大型文艺晚会、禄步工业园创建三周年庆祝活动、营销联盟峰会等一系列的大型活动，为员工提供了更多的交流、学习机会，既丰富了他们的业余生活，也能提高他们的专业能力和个人修养。

只要是有德有才之人，新明珠就一定会给他舞台施展，给他空间发挥。在新明珠的发展过程中，涌现出了很多优秀的团队和个人。如中国第一位农民工全国人大代表胡小燕就是在我们这里成长起来的。她不仅是陶瓷行业的光荣，也是我们新明珠人的骄傲。在她领导的280个工人里，她能叫出每个人的名字，由于踏实肯干、表现出色，她还被佛山市评为“十佳外来工”。国家领导人在接见她时，也对她进行了高度评价，她是我们全体新明珠人学习的榜样。还有“佛山优秀女企业家”、“高要市十大杰出青年”等许多优秀的人才集聚新明珠，形成了我们发展路上巨大的精神力量和信心源泉，成为我们最宝贵的财富。我将珍惜每一位来到新明珠的同事，并信任、鼓励、支持他们，成为他们努力工作、不断进取的坚强后盾。

图 5-3 “同心前行，2016 年”——2015 年新明珠陶瓷集团年终媒体联谊活动

集团企业形象建设中心设计总监小李，把自己在新明珠工作的心得感受发表在《新明珠》报上，与同事共勉：“兄弟姐妹们，我们每天乐在新明珠工作，因为这里不仅是我们安身立命之处，让我们赚到养家糊口的薪水，它还是我们体现人生价值的最好平台，给予我们锻炼、学习和上进的机会。通过完成工作任务，我们拓展了自己的才能；通过与同事的合作，我们培养了自己的人格；通过与客户的服务交流，我们提高了自己的修养品行；通过我们每一个人的辛勤付出，我们让两万多名员工向新明珠梦靠得更近，让30多万个家庭实现了就业；通过我们的努力，我们得以看到每一个员工和他们的孩子的快乐笑脸，我们得以让每一个员工家里的老人安享幸福晚年。我们要万众一心，以更加团结的精神，更加坚定的决心，更加旺盛的精力，更加务实的作风，把握新机遇、迎接新挑战，满怀信心、同心成事，合力推动新明珠企业持续发展，共创辉煌新篇章！”

第二节
培育出中国首位“农民工”全国人大代表

叶德林以自己优秀的品格和魅力，在振兴民族建陶产业中做出了重大贡献，同时，也以自己强大的人格力量，塑造和培养出一大批社会主义建设新型人才，尤其是为中国建陶行业输送了一批批德技双馨的优秀人才。而作为我国首个农民工全国人大代表胡小燕，便是从中成长起来的人才之一。

胡小燕来自四川广安市武胜县中心镇大中坝村，是一家三姐妹中的老大，因为生活困难，初中毕业后，胡小燕便出来打工养家，曾当过幼儿园老师、食堂服务员；1999 年 8 月，她漫无目的地跟随同村人到广东找工作。3 年时间，先后在南海、顺德等 5 家陶瓷厂任窑头工、分级员等。因这些厂效益差或环境不适合自己，2002 年 6 月，她听人说新明珠公司各方面条件不错，便趁着原厂放假的机会，到新明珠属下格莱斯陶瓷公司应聘分级员，经过技能和品德考核，胡小燕被录用了。

自此，新明珠以其良好的人力管理机制，以“本心本事”的育人标尺，为胡小燕提供了一个实现自我、完善自我、提升自我的舞台，让胡小燕这块一直被埋没的金子能很好地在叶德林倡导的“以德兴企”的公司中发出了自己独有的光芒。

胡小燕之前打工 3 年，换了 5 家厂，工作只是从窑头工到分级员，没哪个厂能发现、提升她；而进入新明珠后，她只用了 3 个月时间，就从分级员到担任质检员；一年后，经过业务考试、品德表现、述职演讲、业绩测评等考核环节，便跻身管理人员行列，同年就被集团公司品管部评为优秀管理干部；两年后，又以优异成绩，赢得了成品车间副主任职务，其敬业爱岗，热心公共事务，团结车间全体成员协作创新，建立起了一套科学管理办法，其车间一直是全厂“6S”现场先进集体。随后，胡小燕分别获得了三水区、佛山市“十佳外来工”称号，成了新明珠 10000 多名外来工的杰出代表，也成了佛山市数百万农民工的“明星”。她先后被授予了“四川省十佳农民工”、“全国五一劳动奖章”、“全国优秀外来工”等称号，2008 年 11 月，还当选为全国总工会执委。在参加全国人大会议期间，胡小燕代表以出色的参政议政表现，获得国家领导人的高度评价和表扬。

“有新明珠才有我今天，是叶董事长让我们农民工在这儿提升了自我价值。”胡小燕由衷地说，“我原来所在的那家陶瓷厂，有些工种一定是讲白话（粤语）或有背景的熟人才可以进去的，但在新明珠就不会，董事长反而对我们外地的同事更关心，说我们从那么远地方来，不容易，总是说多得我们大家来帮他，其实是他给我们提供了二三万个就业机会，解决二三万

图 5-4　叶德林（左）和胡小燕（右）同时当选为第 16 届亚洲运动会火炬手

图 5-5　叶德林在传递第 16 届亚运会火炬

个家庭的生活出路啊！更重要的，是能让我这样一个偏远山区来的农民孩子，学到了知识，创造了价值，改变了命运！”

胡小燕在新明珠找到了家，在这个提倡和谐、进步、发展的大家庭里，每个人都是自己工作生活的主人，是为自己作贡献，因而也就能实现自己的价值。胡小燕在家乡“四川省劳务开发暨农民工工作会议”上说：“在公司里，我非常珍惜来之不易的每个机会，总是勤勤恳恳、任劳任怨地干好每件事情，从不在小事上与同事、领导斤斤计较。2005 年 11 月，公司新生产线投产，正好我的小女儿生病住院，从凌晨 4 点到当天下午 4 点，整整 12 个小时才醒过来，我都没有请假陪护，一刻也没离开生产线。正是凭借着爱岗敬业的这股拼劲、狠劲，我们车间才一直保持着先进车间的称号。干一行，爱一行，既是打工者的必备素质，也是打工者的生存之本，这是我多年来体会最深的一点。”

叶德林深爱着自己的每个员工，不仅从精神上给予员工长期的关爱呵护，在物质上更是让大家同享企业成果，照顾好员工的利益，鼓励大家“为企业创造利益多者多得，为企业作出贡献多者多得”。因此，在 2008 年春全国人大代表会议期间，广东省原省委书记汪洋听到胡小燕说自己月工资 3000 元（包括月奖金达 4000 多元）时也为其感到吃惊和高兴。

“我在这儿工作很开心，从不担心自己的能力无法施展，也不担心自己是外来工而受到不平等待遇。从董事长到普通员工，没有外来工与本地工之分，都平等地享受各种培训和晋升机会，都同样受到尊重和关心。”这就是胡小燕热爱新明珠的主要原因，这也是她的丈夫、妹妹、妹夫以及一大批亲戚、同乡，都乐意“挤”在新明珠工作的原因。

叶德林自然为胡小燕的“有出息”感到高兴和自豪。这位慈父般的长者，从始至终只是站在胡小燕的背后，像关爱自己的女儿一样，默默地关注和呵护着这个已经学会高飞的“小燕”。在新明珠集团为胡小燕专门举行的“情系新陶业，喜迎燕归来”座谈会上，叶董事长还是一如既往地用平静的口气叮嘱小燕：“作为第一个农民工的全国人大代表，并不是官职，而是多了一份责任，多了一种使命，厂里有10000多个像你这样的兄弟姐妹，你首先要代表大家，向我多提建议，让我也能为大家多做点工作，一起为祖国的兴旺发达多作贡献啊！”

胡小燕也用对待父辈一样的敬重口气回答叶德林说：“董事长你不仅是行业的老行尊，还是人大的老代表，作为晚辈，我哪一样都得好好向你学习才是！”

这便是一个企业当家人与下属员工的深情厚谊，也是一个农民工全国人大代表对她的企业和领导一如既往的情结。作为一位农民工，胡小燕在叶董事长良好的德风引领下，走向成功的成长之路，也是新明珠在珠江三角洲民营企业中走向成功的最好见证。

其实，像胡小燕一样陪伴新明珠成长，在不同的工作岗位上，对社会和人民作出不平凡贡献的奉献者，在新明珠集团比比皆是，比如荣获2007年禅城区首届“十佳外来工”称号的王红生，2008年荣获首届禅城“金凤凰奖”的李辉，2008年新明珠荣获南庄镇“十佳外来务工人员”和“优秀外来务工人员”称号和奖励的员工就有4人之多……他们都是在叶德林良好“家风”沐浴下成长起来的新明珠人的杰出代表。获得“金凤凰奖”的李辉在颁奖大会上的感言，也有同胡小燕一样的感慨：“我有今天的成绩，要感谢新明珠给了我这么好的一个平台，更是我向董事长学习的结果，因为我们董事长是广东省优秀企业家，是广东省优秀中国特色社会主义建设者，我们比起他来，还微不足道，我们会继续努力……”

第三节
让员工以德报德才是“得”（一）

朱熹曰：“德者，得也。”这被称为“德得论”，是先哲对德的一种最基本且最重要的看法。这里的“得”不是指认识上的得，而是指践履上的得，个体自得的德还需推及于他人，以使他人也有所得，认为若做不到这点也不能说真有德。这种既利已又利人的互惠道德观，也是对“善有善报，恶有恶报”的正义反映，从而让人们从源头上增强修德与讲德的自觉性。

叶德林曾叮嘱现在已成为新明珠集团常务副总裁的儿子叶永楷：“记住你的工作原则：同事第一，业务第二，自己第三。因为业务是依靠同事去做的，你只有疼爱他们，激励好他们，他们才会体谅你、支持你。你以德来对待他们，他们也会用德来回报你。如果你做了什么承诺，那就一定要做到、做好。记住：你用德用心了，你就会得到你该得到的。”

很多管理学家都在肯定这个命题：一个企业老板的品行，直接决定着这个企业的品行。企业是否形成一支优秀的团队，不仅要看老板的胸怀，还要看老板的人格魅力。叶德林为人谦和，厚道，心胸开阔，平易近人，孝亲感恩，重情轻利，乐善好施，是同行中公认的最有人情味的老板。叶德林的性格深深地影响着新明珠，在企业内部，自然而然地形成一种亲和的“大家庭”式的企业文化。

叶德林执意要把新明珠打造成一个亲情企业，特别是在本企业内部倡导一种“大家庭”式的氛围，让每个员工都感觉到自己是这个大家庭中的一员，从而培养出为自己做事的情感和作风。因此，特别要求领导要做到有情，把员工当作自己的亲人看待，对待员工要以情待之、以情动之。叶德林身体力行，每逢大型节庆活动，或本家喜庆与宴席，都把活动场地设在集团总部现场，同时广邀全国各地经销商、供应商和社会各界宾客，宴开数百席，数千人同一时间、同一场合欢聚，一起吃饭、喝酒、唱歌，还有节目表演，或请来各方文艺界朋友与员工一起联欢，同唱企业歌，同跳水乡舞，同叙四海情。叶德林自小就注重孝亲感恩，他把这些好品德也带进企业，每逢春节，叶德林都提前亲自写上一封给员工家长的信，信中特别感恩所有父母亲人为企业送来子女，送来帮助新明珠发展的力量。2009年终则写了“三封信”：《致员工的一封信》、《致员工家属的一封信》、《致员工亲朋的一封信》，给所有的18000多名员工和家人都寄了去，将这位平民企业家的感恩之心传达到每个员工和亲友的心里，也更加淋漓尽致地凸显了叶德林和新明珠人“一家亲”的集体形象。

图 5-6 “携廿年建陶品牌优势 竞百年地产事业风华。”叶德林在新明珠地产三水“北江明珠”项目奠基仪式上致辞

叶德林讲过：有良心的企业都有自己良好的东西，它会用很深的情感紧紧拉着自己的员工；而好的员工也会认同企业的目标、价值和愿景，乐于付出自己的汗水和智慧，能发自内心地想要干出成果，来报答企业。因为对于他们来说，正是这份工作体现了他们个人的价值。这就是以德报德，而这种结果才是最大的“得”。

在和基层管理人员一起喝茶吃饭，或一起喝喝小酒时，叶德林常常会对身边的同伴“以身说法”，他会很平易近人地和大家“混”到一起，聊一些大家喜欢或家长里短的话题，轻松自然；在公司集体食堂吃饭时，还喜欢和同事们挤在一张桌上，边吃边聊，大家无拘无束，没有距离，其乐融融。他说这样做的话，同事们自然会喜欢你，亲近你，而你也会获得很多新的想法，工作起来就更见成效。我们要让同事们工作和生活得更好，要不断改善工作流程和管理系统，使之更加人性化，这样会给同事们腾出更多的时间来做他们喜欢的事，企业提高的就不只是生产效率还有同事们的创造力。要做一个敢于承担和积极参与的管理者，努力帮助同事提高工作和生活品质，最大程度实现他们的个人职业发展，使同事们对企业的愿景充满信心，为企业的发展而努力。这样做，同事们才乐意和我们坦诚相对，与我们同甘共苦。

叶德林还经常叮嘱公司的管理干部：我们和同事们在一起的时候，要记住你是在和不同个性特征的人在一起，所以要尊重每个同事的个体差异，要知道他们不仅需要一份工作，一份满意的薪水，更需要在企业中获得更多的尊重，获得做人的尊严。无论是待遇、奖励，还是要求、指标，都应该根据不同对象分别对待，不能一刀切，要慎之又慎。因为每一位同事个人素质和家庭情况不同，我们在解决这些问题时，既要考虑全面，又要兼顾个体差异，只有做到个性化管理，才是对每个同事真正的理解和尊重。这就要求领导者经常与同事们保持密切沟通，做到充分了解，在人格上对每个成员平等相待，同时根据每个人特点进行个性化管理。只有这样，以德在先，以德服众，才会赢得众人的理解，赢得大家对企业的满意，从而以德报德，这才是“得”。

叶德林所倡导的“以德报德”，此处的“德”是“恩惠”，也就是用恩惠报答恩惠。中国社会数千年来所追求的道德境界和伦理法则，始终崇尚知恩图报。感恩是一种美德，也是一个人之所以为人的基本条件。羔羊跪乳，乌鸦反哺，动物尚且感恩，何况我们作为万物之灵的人类。心存感激地去工作，就不会抱怨工作的辛苦与乏味，就不会抱怨自己的怀才不遇，最终不仅工作更加愉快，所获得的帮助也更多，工作也会更加出色，获得的加薪升职的机会就更多，更容易实现个人价值和幸福的生活。从经济学来讲，企业与员工从表面上看，是一种雇用和被雇用的契约关系，但是，在众多的企业之中你选择了这家企业，企业也在众多优秀的人才之中选择了你，给你提供了施展才华的舞台和机会。从商业的角度，也许是一种合作共赢的关系；但从情感的角度，老板给你一份工作，给你一个可供自己发挥才能的舞台，你就一定要懂得惜福，心存感激，学会感恩，懂得感恩，在行动上感谢公司这个平台，感谢老板的知遇之恩，感谢同事的帮助，感谢客户的关照，感谢竞争对手的“恩赐”。当我们怀着感恩的心情真诚地工作，发自内心地对他人说声“谢谢你”、“我很感激”时，你就会发现原来拥有这份工作是如此的美好，便会快乐地工作，而快乐情绪能够带来更好的业绩，个人的职业生涯就会变得更为圆满，事业则更有成就。

在新明珠企业内部的宣传中，有一个常常被人们提及的特别事例，这也可以看成是企业与员工之间互相“感恩”的个案：

图 5-7 叶德林为公司清洁工何金玉颁奖

有个叫何金玉的清洁工，是新明珠总部大楼建成后第一批上岗的员工，在这个岗位已默默坚守了十余年。清洁工抱着一颗感恩之心，切身感受这个公司的好，也珍惜这份工作得来不易，所以从不计较自己的职位高低贵贱，总是把小事当人事去做，还要做细做好，不仅把清洁工本职工作做得出色，还是同事们生活工作和心灵上的好“保姆”，让大家感到“有玉姨在就清心、暖心、快乐”。所以董事长叶德林曾评价说：“玉姨是被集团 100%干部员工认可的人，也是 100%让我们放心的人。”2010 年，何金玉被评为“新明珠集团十大感动人物”。从这个清洁工的故事中，我们是否已经感受到新明珠“感恩文化”的巨大能量！

“假若我们对待公司中的每个问题、工作中的每件事，都用一种感恩的标准去衡量——老板信任我的能力，给了我体现价值的机会，同事也帮我完成了目标，公司又给了我品尝成果的喜悦，这些都是美好的，是值得我去感谢的。那么，我们就会成为一个积极乐观、主动进取、敬业乐群的人，从而更加懂得感恩，懂得知足，懂得快乐。”新明珠江西高安工业园员工在《新明珠》报上这样吐露自己的心声。

第四节
让员工以德报德才是“得”（二）

在新明珠，一直传颂着叶董事长一则“知恩图报”的故事：早期有个人帮过董事长，之后董事长就把这个人当恩人来报答，现在还被董事长恭恭敬敬放在新明珠做高级顾问，享受极高待遇，董事长在公开场合向大家介绍时总是称对方是自己的“恩人”。凡是新明珠的员工都知道，董事长做人心地好，讲情义，爱感恩，这样做对他来说是正常的，所以大家对董事长的这位“恩人”也非常尊重，同时，也让大家从董事长“如何感恩”的做法上看到了榜样，从而自然而然地形成了新明珠式的一种“感恩文化”。

后来，笔者采访了这位“恩人”何总，没想到当问及真正内情时，何总却激动地“校正”说：“我哪有什么恩呀，是德叔这人太讲情义，太念旧了，当时我是一个村的陶瓷厂厂长，要建新厂房，而他在镇水利所时曾帮我们村做过自来水工程，质量好，有口碑，所以建新厂时又找他来做，按理是他帮了我们，没想到他对此事一直念念不忘，说是最困难时给工程做，对这样的事情也要报恩，多年来一直紧紧记住，我有什么困难他都出手相助，连我儿子办的腰线（墙面砖）厂，也是他关照的，我觉得都受之有愧了。我说这样的人认识100个都不怕。”

依照“恩人”何总的说法，该是德叔帮了他的，但德叔却认为是何总给工程做，而有“恩”于自己，甚至把对方称为自己的“恩人”，记住对方的好，还在日后以实际行动感恩回报。这是一种多大的胸怀和品格！所谓“滴水之恩，涌泉相报”，正如叶德林是也！

没错，看重并且知道如何善待别人恩情的叶德林，深谙感恩报恩之道，所以特别倡导在新明珠企业内，各级管理者都要关怀、尊重、帮助下属，要主动同下属以心换心，以诚换诚，旨在通过诱发和调动下属积极的同态心理，换来良好的人际合作，从而“因感激而生回报”。笔者在一次访谈新明珠的司机时，便听到他由衷地说出这么一句话：“我这条命都愿意交给老板了。”这其实就是知恩图报的心理反映。

所有新明珠的领导，都受到了总裁德叔长久以来的关爱，都十分敬重这位可亲可爱的长者；而各级领导又都以德叔为榜样，从人本出发，对下属充满深深的感情，做到以情拴人，尊重、关心每一位员工，肯定每一位员工存在的价值。这就像一条看不见的线，全面贯穿于企业管理者的思想中，同时也贯穿于新明珠公司企业管理的活动中，自然而然地，企业与员工形成一条“道德链”，大家知恩图报，恩恩相报，共赢共生。

图 5-8 每次新明珠的庆典或商务聚会，叶德林总是以家人的身份，来到大家中间，一桌桌地和大家把酒同欢

在新明珠，大家心里都明白，董事长辛辛苦苦经营了二十几年的企业，并不是为他个人，而是为社会大众。作为一个企业家，叶德林一贯心系社会，感恩人民，反哺民族，自出道至今，凡是当地社会的公益慈善事业，都会看到这位带头大哥忙碌的身影。叶德林常怀感激之情地说：新明珠是有祖国改革开放的好政策，有政府和人民的关心支持，有这么多的同事一起共同努力，才取得今天的业绩，我们要以感恩的心，通过各种方式来回馈社会，回馈人民。所以，在新明珠几个大工业园区周边，我们会看到这样一个具有“新明珠本色”的感恩行动：十多年来，所在地凡年龄超过 65 岁的老人，每月都能领到新明珠为他们准备的 100~150 元的敬老金，节假日还能领到新明珠

送来的各种礼品和慰问。这是一个逐年不断增加的人群，而资助的款额本来就不小，德叔有次和笔者谈及此事时说："有人担心我是否可以继续坚持下来，我的回答是肯定的。"无疑，德叔所做的这些种种大德良行，不仅赢得了当地社会与民众的好感和支持，同时也赢得了员工对企业的感恩之心。

2008年9月，由美国次贷危机引发的金融风暴席卷全球，中国企业也受到了强烈的冲击，在陶瓷行业，几乎所有企业都出现销售不畅、库存压力大的恶局，全国一下子关停生产线一千多条，陶瓷业遭遇了改革开放以来最严酷的寒冬。毫不例外，新明珠同样感到危机寒意逼人，从2008年5月开始，原材料最多时存储量已达到六七亿元，到年底时，产品和原材料库存价值已创历史新高。随之而来的最大打击便是停窑停产。迫于市场低迷，新明珠关闭了一厂、八厂等老厂；淘汰了陈旧设备，关停了效益低的生产线，只开设备好的、效益高的生产线；相应裁减了一小部分素质偏低的员工……

这期间，社会上有关佛山建陶企业的谣言便像毒气般四散开来，今天说这个老总跑路了，明天说那个老总跳楼了，一时人心惶惶。笔者也听到有关新明珠的一些谣言，只是怎么也不会相信，因为知道前些天德叔已去了印度参加世界陶瓷大会，新明珠还赞助了9月在西安召开的世界建陶ISO（国际标准）大会呢。但惦记着这事，就和黄会兄一同前往探望。当见到老朋友用一脸"德叔风格"的微笑来迎接我们时，原来的担心便觉得多余了。没错，德叔刚从印度回来时也听到有关谣言，他意识到这是大是大非问题，甚至已危害到公司和个人的声誉，本来一贯为人低调的他，决定高调应对这次“危机”。那天，他和陈总等几位高管正在拟定律师函登报声明辟谣。随后8天内，更是发起了声势浩大的“三大行动”——召开了3000多人的“经销商峰会”、1000多人的“供应商大会”和20000多人的“庆祝改革开放30周年大型文艺晚会”。这“三大行动”不是普通的企业内部聚会，而是“舰长”叶德林奠定新明珠世界乾坤的三大举措——公开亮相，阳光操作，以诚相待，凝心聚力，抱团取暖，同舟共济，感恩图报，从而稳定合作伙伴之心，稳定员工之心，稳定社会之心！

图5-9 在来自全国的新明珠经销商年会上，叶德林向每一位合作者敬酒答谢

正因为叶德林在企业内倡导以德报德的行为，新明珠人也同样以此为处世准则，坚守初心，荣辱与共，感恩报恩，和企业同进退，共渡维艰，面对这一“重大危机”，员工们没有一人自动离职。江西新明珠陶瓷基地的员工说：“公司最艰难的时期，更需要我们记住公司对我们的好，更需要我们站出来，一起努力共渡难关，就是发不出工资，我们也不会走的。”全国各地的新明珠经销商和供应商，更是不离不弃，冠珠陶瓷常德经销商周总说：“这次峰会看得见摸得着，让我再次感受到新明珠的规模与实力，我最大的收获就是信心——对新明珠的信心，对建陶市场的信心！”大家更紧密地抱团在新明珠周围，共同积极、乐观面对考验。所以，在整个建陶行业最危难的 2008 年，新明珠陶瓷依然大放异彩：不仅各阶段性策略和经济指标得以实现，销售增加总量竟然达到历史最高，还成功实施了产业全国战略规划布局，全面实施终端升级，全面提升品牌形象。更为新明珠人津津乐道的是，叶德林凭借诚信守义和承担责任，获得了广东省政府颁发的“十大新粤商”荣誉，成为陶瓷行业唯一入选的企业家。

毋庸置疑，这就是以德报德的力量！

第六章

“德”让员工满意　企业长生有力量（二）

——“家文化”造就和谐共荣新明珠

第一节
以德取人，适岗用人，用心留人

笔者拥有许多做企业的朋友，在我们相互的沟通中，常常会问到他们一个问题：困扰企业发展的最大障碍是什么。这时，他们大都会说是人才问题。其实，这算是个普遍存在的问题，说明了大家都了解人才的重要性。但现实中，那些绩效不好的企业，其最大障碍并不是缺少“千里马”人才，而恰恰是缺乏领导人“伯乐”的眼光和智慧。由于那些企业领导在用人时，并没有把人才的“德”放在前头，而只是看重能跑千里的“才”，忽略和偏颇了做人的品德、品行、品格，正因为这样，一方面，使得方向错、步子乱的“千里马”越走越偏离了轨道，越有才华越是事与愿违；另一方面，又使缺乏真才实干的庸才占据了重要位置，造成职位的浪费，致使企业人才资源浪费，制约了企业的发展。

叶德林管辖下的新明珠就不是这样。

还在新明珠创业之初，叶德林就为这个企业立下了一个“叶氏规矩”：在新明珠，做人要有本心本事（德才兼备）。本心是德，本事是才，有德有才之人，才能在新明珠做事。

20多年来，他一直这样要求新明珠的员工，也一直这样要求自己。做人光有才不行，更重要的是要有德。宋代贤臣司马光认为“德”与“才”是统率与被统率的关系，指出：“才者，德之资也；德者，才之帅也。自古以来，国之乱臣，家之败子，才有余而德不足，以至颠筱者多矣。”又说：“才德全尽谓之圣人，才德兼亡谓之愚人；德胜才谓之君子，才胜德谓之小人。”而叶德林在企业内更是以身作则，立德树德，以德为范，德道正行，主张“有德有才放心重用，有德无才培养使用，有才无德限制留用，无德无才不能使用”。

叶德林自小就培养自己的好品性、好德行，所谓“物以类聚，人以群分”，一个企业的老板讲究什么，他做人的品德如何，那么，这个企业就必定打上他的思想烙印。叶德林认为，做企业就和做人一样，必须有一班好德行的人跟着一起走，这个企业才会走得好、走得远。所以，叶德林对跟随自己一起打拼的团队人员的选取，一直有着自己严格的“准则”。

新明珠在人才和团队建设方面有其鲜明的特色：人才要有本心本事；以德取人，适岗用人，用心留人；发挥每个人的长处，容人所短，凝聚各种人才，打造优秀团队；坚持“能者上，平者让，庸者下”的任用干部原则，激励每个干部奋发向上，建立能上能下的通道；建立优秀团队的评价标准，为团队建设指明方向。

且看《新明珠集团干部管理条例》中的一条规定：凡晋升干

部、助理职务、办公室文职工作人员等岗位，优先从基层一线员工中提拔。凡招聘供应采购员、监察专员、审计专员、人力资源专员，优先从基层一线员工中竞聘上岗。凡招聘销售业务人员，优先从生产、品牌管理、销售服务或其他相关部门员工中竞聘上岗。实施人才储备培养计划：每年有计划、有针对性地招聘应届毕业生到一线岗位进行锻炼和培养，充实人才队伍。向社会广纳高级人才，如生产工艺和技术专业人才、设计和策划人才、法律人才、金融和投资人才等。培养接班人制度：凡主任级及以上管理干部晋升为更高一级干部时，如果没有培养好合格的接班人，不得晋升或转换到新的岗位。

图 6-1 “建立学习型组织 传递内外部优能”，新明珠陶瓷集团成功学院营销分院成立暨第二期内部讲师颁证仪式

正是在这种用人理念下，新明珠通过内部培养与外部招聘相结合，凝聚了各种专业、各种特长适合岗位的人才，打造了一支优秀的管理团队。负责集团人才资源管理的陈副总裁是从这儿由教育管理者向企业管理者成功转型的；负责集团营销的彭副总裁则是从自办公司小老板到进入新明珠后脱颖而出的；负责集团财务管理的梁副总裁则是从企业元老计量员一步步走过来的；负责集团生产技术的简副总裁是从一名机修工做起来的……他们通过十几年的努力，从基层员工成长为新明珠的高管，成为新明珠事业发展的伙伴，像他们这样在企业内成长起来的管理干部和业务骨干相当多，他们都成了新明珠企业的宝贵人才。

“近几年，佛山陶瓷产业进行转移，各地新建陶瓷厂也很多，许多企业瞄准了我们新明珠，不惜重金挖我们的人才，想复制我们新明珠的管理体系。”陈副总裁坦言，“已经有个别人员被挖走了，对此，企业高度重视，同时也觉得可惜，但我们不担心，因为我们有团队，有人才梯队。这几年，新明珠的高速发展，一批又一批的人才被培养起来，业绩也一年胜过一年。我曾和一位‘被挖走’的经理说过，一些老板想通过挖新明珠的人才来学新明珠的管理，其实他们想错了，一是新明珠发展与日俱增，管理在不断变革；二是新明珠价值的核心是叶德林董事长的核心价值观，其他人可以学它的形，却无法学到它的神，无人能复制得了叶德林董事长的思想和智慧。”

树高者鸟宿之，德厚者士趋之。在新明珠集团和建陶行业内，叶德林拥有“校长”与“教父”的声望，为人们公认和称道。可以说，叶德林事业上的成功，不仅在于他在中国创造了建陶行业的一个新时代，更重要的是培植、扶持出了一大批人才。由于这位识才善任的老板本身就是一个大德大才者，所以多年来，经其带出来的行业人才不计其数，其麾下聚拢的人才也举不胜举，眼下，跟随他的10个集团副总裁，都是在他的“德育”下培养出来的，也就是说，是他从这些最初的员工中，通过以“德”取人，适岗用人，用心留人，从“基层队伍”中培养出来的德才兼备的企业领导者。我们惊讶地发现，新明珠集团高层领导，没有一个是从别的地方“空降”而来，而全是叶德林一手培育起来的，也就是扶持着他的人才与企业一起成长的。尤其是对儿子叶永楷的栽培，让其从最基层员工那儿开始学习做人做事，逐级摔打磨炼，从而培养出一个德才俱佳的事业好帮手，更能显出叶德林与一般父亲和老板的不同，其养育和使用儿子方法的另类，值得世人敬重和效仿。

叶德林告诉笔者，很多企业老总经常来喝茶要他介绍人才，埋怨自己公司找不到好人才使用，但每当这个时候，他多是反问对方：首先是你有办法留得住人才吗？你能让他们长期安下心来工作吗？这时，那些老板往往就显得底气不足了，最终还是承认自己很难做好。叶德林认为：虽然说人才是双向选择，但用人留人关键还是在于老板。对于大多数企业，能明白怎么留住人才比指导怎么去寻找人才更重要。所以，叶德林告诉大家不要老是想着去哪里挖人才，对自己手下的人做到知人善用、人尽其才才是更有意义的做法。不然，把精力全部放在招聘新人上，却不知道如何利用好自己手下的人才，那就永远也留不住任何一个真正的人才。

为商之道，当治人心。商道即人道，用人之道重在用人之心。所以在新明珠，叶德林不强调“管人”而重视“用人”。他不主张放大“管”的权力——管理、管制、管治，而是善于发挥“用”的作用——人尽其用，善用、精用、专用、用好。管与用，这一字之差，在叶德林这个当家人看来却有着很大的区别，只有他才如此注重对待这两个字的不同含义。

图 6-2　来自全国各地的合作伙伴背后，是华夏新明珠大酒店与新明珠红酒业基地

多年前，叶德林在商会和众同仁一起谈到这一问题时，就说过：“现在办企业，已经没有国家计划分配人才了，只能靠我

们企业自己开发人才，培养人才，用好人才，这样企业才有好出路。”所以，在新明珠企业，叶德林对待自己用心血开发培养出来的人才，更讲究的是“用”好，认为唯有把人用好，发挥大家的作用，事情才会做好。“我这个人只是用专业人做专业事，让专业人才好好把本事发挥出来，如果光靠我个人，能顾得了几方面？我是把人用好，就成了……”这是在2015年冬天一次企业午餐时，德叔指着旁边围着吃自助火锅的几位冠珠品牌高管，和笔者分享自己的用人心得。

叶德林的用人之道，在于知人善任、识才善用，用人之心。他要求人事部门了解和掌握员工的特点，并将其合理地安排到相应岗位上工作，达到人尽其才。如何做到人尽其才？叶德林自有独到心得，那就是用好“人心”，“人心”怎么用好？叶德林认为，中华民族优秀的用人之道就有三大家，我们要传承下来，那就是儒、佛、道，要三而合一，它们都能帮我们解决人心的问题。而用好人心，用的是人的思想品格，用的是人的道德良心，用的是人的智慧力量。善用人的心，这也是中西方经营管理的最高境界。给钱，给名誉，给地位，给激励，给好的文化氛围，给心灵上的温暖，给大爱大义等，一句话，都是用人心。所谓“为将之道，当先治心”，其实为商之道，更要赚取人心。

留人，更重在留心。在一次采访时，叶德林曾向笔者打开了话匣子，说的句句在理：“留住人才嘛，靠的不光是那点待遇，不只是金钱，要留住他，关键是要留住他的心。有的老板想不通，说我发的工资不比人家少，待遇不比人家差，提供的职位也不低，怎么我的人还是留不下来呢？我想，这恐怕是你还未了解自己下面的人才到底想要的是什么。我知道每个同事来新明珠做事，除了挣钱养家糊口，还都有个本意，都想能体现一下自己的人生价值，至少还得受到社会尊重，得到一种精神的满足。我觉得，办企业，应该提供给员工的收入有两种，一种是经济收入，包括直接的薪酬、奖金和间接的培训、假期等；另一种是非经济收入，包括创造出成果后给予的荣誉、地位，个人得到的成就感和满足感等无形的精神收入。第二种正是一个人‘心’里最看重的东西，不过这点却是很多做企业的人比较少留意的，正因为这样，我认为更加要‘用心’对待‘人心’。”

集团陈副总裁在介绍企业人力资源管理时说：“新明珠集团十分注重团队培养和建设。新明珠快速发展的秘籍就是发挥每个人的特长，容其所短，致力打造优秀团队，倡导的是优秀团队创造优异业绩，优秀企业制造优质产品。对有本心有本事的人，我们重用，对有本心但能力差一点的人，我们给予机会培养，对于个别本心稍差一点但有本事的人，我们在缩减他的管理范围的同时，通过教育、送他学习培训改变他的价值观，提升职业道德素养。在新明珠快速发展的过程中人才是第一位的，这离不开一个培养人才的好机制。这与我们企业文化有很大的关系，一直以来，新明珠摒弃了管理学中的行政垂直管理模式，建立了以服务为价值导向的领导管理原则，即领导为下属服务，支持、指导、帮助下属完成工作，董事长是企业最好最重要的服务员。在领导的支持和帮助下，各级各层管理干部都能充分发挥其智慧和才能，高效地完成工作，同时，通过不断的历练，在业务和管理上都能独当一面，人才就在实践中培养起来了。这么多年以来，从生产到销售，从财务到人力资源及行政，我们的中基层干部基本上是从一线提拔起来的，空降的不多。"

学习使人进步。德行和才干，也要靠不断地修为、学习，才能不断地提高、提升，与时俱进。所以叶德林主张"做到老，学到老"，他本人更是热衷带头参加各大专院校总裁班、EMBA课程进修学习，多次到中山大学、中国香港理工大学等院校进修，参加企业管理培训和各种专题讲座，还参加中央党校及地方党校的培训学习。通过学习交流，更新了知识，开阔了视野，增加了人脉，其效无穷。叶德林说："我到那里就是听课，当学生。现在很多高素质的人才进来了，我要做的就是把工作科学地分配给更高素质的人去做。所以影响我发展、影响我思维的，就是学习，就是在学习中得到一批大师的指导和帮助，吸纳更多新鲜的东西，保证自己不掉队，和大伙一起继续进步。"

叶德林不但自己勤奋好学，同时也把新明珠企业带进了一个学习型、培训型的组织氛围中。企业内部定期举行各类读书班、学习班、培训班、训练营；公司与中央党校函授学院举办了中央党校函授学院新明珠大专班，组织新明珠员工进修学习；成立了新明珠学院和萨米特成功学院两大进修培训机构，分期分批轮训员工。此外，还根据需要，组织员工参加全国各大专院校相关专业课程进修学习，从全国请来专家教授，配合企业需要和人才发展需要，开展常年的培训教育……

“以德取人，适岗用人，用心留人”，这是叶德林培植新明珠团队一种独到的做法，看起来似乎简单，但其已包含“以德育人”的选、用、留全过程。就凭这一招式，叶德林筑成了今日新明珠德商团队坚不可摧的堡垒。

第二节
使人才“士为知己者死”

叶德林一直以自己优秀的德行，来深深地渗透着新明珠团队，打造着新明珠团队，以至在这个庞大的组织中，很多优秀人才坚持从一而终，甚至达到“士为知己者死”的地步。

这是《战国策·赵策一》里的最高“策”——“士为知己者死”，说的是人才甘愿为赏识自己、栽培自己的人献身。

叶德林对员工的好，不光是新明珠企业内部员工认可，而且是在佛山地区企业都是出了名的。叶德林有句常常挂在口头上的话：“多亏有这么多同事帮我做事。”他从不认为是他为这么多人提供了工作机会，而只当作是这么多人来帮他做事，光是把握住这种良好的心态，就该他赢了。

关键是他把每一个进入新明珠的人，都当作是一种“缘分”，当成是“知己”，这才是最难能可贵的。叶德林最初办新明珠厂时，就对负责人事的领导强调：不要想着去哪里挖人才过来，我们最紧要的是用好自己身边的人，我们要知人善用，人尽其才，这样才实在；不然，把精力全放在招聘新人上，却不知道如何用好自己手下的人才，那就永远留不住人才。你若是以一个知己朋友的态度，与大家推心置腹地共事，发生什么事情都是对事不对人，大家共同为一个目标，一个心愿，就会很好办事的。

图 6–3　叶德林为新明珠陶瓷集团成功学院营销分院成立揭牌

图 6–4　新明珠陶瓷成功学院举办“筑梦传承　见证成长”第四届内部讲师颁证仪式

叶德林说起这点时，曾和笔者谈及了一个人，便是现在成长为新明珠集团高管的简副总裁。“当初成立明珠厂时，有个老村长，他是众人敬重的老革命，他老人家却看得起我，把他儿子小简从南海盐步那边的厂调到我这儿来，交给我用，我非常感谢他，当然同时也给我很大压力，我要带好他这个孩子，我首先对小简说，这样吧，我们有缘分一同做事，我们都别辜负老一辈人的期望，做事关键是先把人做好，所以我也希望你争气，你表现好了就等于帮了我。”小简听从叶德林的教导，虚心好学，拜能者为师，从最基层做起，先是做了4年三班倒的基层工作，一直兢兢业业跟着叶德林学管理、学技术，很快就成了叶德林身边过硬的技术型管理人才之一，而叶德林也把这位人才当成朋友知己，给予悉心的关怀和严格的打磨，有关厂里的大事要事，都少不了让他出主意、拿决策，以至还让其体现出人才的应有价值，把他放到集团的高层，一同为企业的成长和成功分担分享。小简跟随着叶德林，每天亲身体会老板做人做事的一言一行，也就是学有榜样，近朱者赤，与其他新明珠员工一样传承了叶德林良好的道行，明德惟馨，敬业爱岗，乐学求真，善技致用，忠诚感恩，一心一意伴随着企业成长。20多年来，数不清的同行企业公开或私下里前来挖角，许下巨薪或诱人条件要挖走他，但小简却从不为之所动，一次次拒绝了。别人不理解他为何这般“死忠”，他只是平静地说出了自己的心里话：“我觉得德叔人好，他对我好，对所有新明珠人好，甚至对社会上每一个人都这么好，周围肯定找不到第二个这样的人了，所以和这样的老板做事是我三生有幸，我是不会为那些故意开大利益条件来诱惑我的企业而离开新明珠的，我会跟定德叔做一辈子，除非他不要我。”

从早年叶德林做个体时就开始“跟班”的罗某，直到今日，20多年来，仍然跟随着叶德林在新明珠工作，尽管叶德林所从事的公司因体制多番变更，职务角色上上落落，但是叶德林去哪儿，罗某就紧跟到哪儿，他说德叔是我见过最好的老板了，都说人生难得一知己，虽然我做不到他最好的知己，但老板对我很好，跟着他做事感到特别安稳踏实，我们挣的每分钱都是干净的，是吃得香甜、睡得安乐的，所以我会跟定老板做到老的。

叶德林懂得以自己作为团队带头人的良好德行，让跟随的所有新明珠人都感到满意并乐于向企业效忠，这成为企业最宝贵的财富，也是他做企业最成功之处，从而形成了一种“新明珠企业文明”。叶德林用的是自己“心灵上的成本”，创造出一个心心相印的“高大上”团队，从而使企业创造出更多的经济价值和社会价值。谈起这些，叶德林曾骄傲地告诉笔者：“我们新明珠，现在人才济济，有博士、硕士、高工，有设计师、歌唱家、舞蹈家、主持人，有校长、教授、老师，还有一批曾经自己开过公司现在加盟新明珠的老板，还有海归人员……”

第三节
让员工为企业自豪

员工是企业的第一资源。一个有凝聚力的、优秀的企业，员工在工作中形成共同的价值取向尤为重要。任何企业想要取得成功，至关重要的是要看究竟有多少优秀的人才与其同舟共济。

走过20个春秋的新明珠集团，有来自全国20多个省市的20000多名员工，而做足20年的员工有110多人，他们很多都是第一年进入明珠陶瓷厂的，虽然中间有人因为年龄、家庭等原因，经历了企业转制、职务变动等因素干扰离开了，但大部分仍然坚持跟随德叔打江山至今，且很多已成长为集团的高层管理人员，其中4人还成为副总裁。问及他们怎样能坚持下来，他们都说自己跟了个好老板，在这儿做事宽松，能发挥自己的技能，你有多大本事，公司给你多大舞台，老板待员工很好，有情有义，有胸怀，能带领我们成长。我们都为自己是新明珠人感到自豪。

一个企业，人员流失率低，尤其是集团高层流失率低，企业就会稳定。但是，有人可能会认为，老员工会保守，不创新。但是，在新明珠这个大家庭里，笔者却发现老员工依然焕发青春，为企业发展提供源源不断的智力支持。10 年、15 年、20 年的老员工很多，10 多年的经销商、供应商也很多。

“要让我们每个同事跟着企业一起受益，一起成功，以作为新明珠人而自豪，共筑新明珠梦！”这是叶德林多次在企业大会上表达的心声，其实这也是他做企业的基本想法，是他做人的本心。

在新明珠，人才促进企业发展，企业促进人才成长。这是所有员工都看在眼里的事实。所以，作为新明珠人，大家都十分看重能在新明珠获得一份工作的待遇，珍惜在这个大家庭得到的“地位”，同时也以自己作为新明珠一员感到荣幸。

图 6-5　建设遍及全国的“学习型、培训型”新明珠“德商”人才团队

从某种意义上说，老板形象的高度就是企业形象的高度。老板能够协调和统筹全局的能力，是一个单位的思想和行动的旗帜，他在社会上的所作所为，甚至言行举止都决定着公司对外的形象，这就成为其员工在社会上地位或评价的参照物。如

果一个企业有较大的影响力，那么这个企业的员工在社会上就会受人尊重，自己也会以企业为荣，充满自豪感，反过来，高素质的员工队伍，又使得老板在社会交往中取得良好的声誉，因为人家会说强将手下无弱兵，所以，员工和老板之间就是一种共生共荣的关系。

新明珠的员工几乎有着同一种感受，他们说：“在当地，就是我们平时穿着新明珠工服，走在大街上，别的企业员工见了都很羡慕，这时我们就很有满足感、自豪感。”

可以说，当新明珠一旦选择了你，其实你就已经“得”到了许多，这“许多”包括物质的和精神的、有价的和无价的，所谓“男怕入错行，女怕嫁错郎”，而你走对了门，那新明珠就是你的荣幸了。

按叶德林一向的说法，“只要进入新明珠就是我们的兄弟姐妹”，凭着他的德行修养，他要把新明珠打造成一个新型的企业大家庭，一个“高大上”的祖国经济建设和社会文明的优秀代表，让企业的所有成员在这个大家庭中工作快乐，生活幸福。所以，他用心费力地为新明珠人活出价值、活出尊严、走向自豪铺设下一条条“红地毯”。

2002 年，新明珠集团组织员工成立了工会联合会，建立经费审查、女工、劳动争议调解、劳动保护监督委员会，工会每年召开一次职工代表大会，凡涉及职工切身利益的事情都由职代会审议通过，畅通了员工利益的诉求渠道，妥善解决了影响劳动关系和谐等问题。10多年来，在公司领导的重视和支持下，工会一班人利用工会组织平台，充分发挥工会的组织优势，很好地履行自己的职责，使企业工会素质逐步得到了提升。同时，新明珠还做到厂务公开，将公司的决策、发展目标等在每月员工大会上向员工宣传，鼓励员工参与企业民主决策、民主管理、民主监督，收到了很好的成效。集团因此获得全国模范职工之家、 广东省模范职工之家称号，获得佛山市劳动关系和谐模范企业、禅城区安全生产工伤保险先进单位等众多项荣誉。集团副总裁兼工会主席李列林对抓好此项工作颇有心得，也乐于与同行分享，他介绍说："我们根据企业的特点，由党建带工建，工建促党建，共抓共建，既维护职工合法权益，又维护企业合法利益，工会组织真正起到了桥梁和纽带作用，真正做好职工代言人，切切实实为员工解决生活、工作上的难题，从未发生过劳动纠纷事件，保护、调动了广大职工的积极性，使新明珠企业充满和谐向上的良好氛围。"工会冼副主席说："我们讲究民主管理，给予员工在企业里当家做主的权利，也注重员工的'精神福利'，千方百计丰富员工的业余生活，企业与员工、员工与员工之间和谐共处，让我们体会到作为一名新明珠员工的自豪感。"

叶德林用心把每个员工看作兄弟姐妹，情同手足，悉心相待，重德育人，乐意帮助新明珠每个成员共同成长，让每个人都有实现成才的机会和路径。他认为，企业也是一所大学，要做百年企业，就得把企业建成一所培养人才、制造人才的大学校。为了不断培养人才适应企业发展，早在 2007 年，他在行业内第一个重金创建了企业大学——新明珠成功学院，作为企业建设人才和实现员工价值、奖励和提携员工的重要举措，也是行业内第一家集团人力资源部对企业人力资源管理体系的大胆创新，企业的人才“选、育、用、留”全面贯穿于各环节当中，强化“素质塑造 + 技能提升”，让员工边干边学，学以致用，德才兼修，充分发掘个人潜力，增加员工才能的可塑性、可适应性，每年有数千名员工接受各种培训，源源不断地培养企业发展所需要的各种人才和后备力量，为新明珠人才走向成功铺路。集团第二营销中心总经理黎汝让评价说：“新明珠成功学院，为新明珠人提供了知识深造和成功经验交流学习的多种平台，让更多人走向成功，从而推进企业更好发展。成功学院是我们的西点军校，也是我们实现新明珠梦的途径之一。”

图 6-6 积极打造一支“学习型、培训型”现代管理团队，新明珠集团拥有企业自身的成功学院，大力培养各类专业人才

善于分享，让员工福利水涨船高，打造和谐幸福团队。在注重员工福利方面，新明珠做了行业内两个第一：第一个为员工设立“员工互助基金会”，对患病、受伤等员工给予经济资助，为大病、大灾的员工提供及时的帮助，切实解决员工的实际困难；第一个成立“董事长奖励基金会”，作为最高荣誉和物质奖励，鼓励员工在工作中改革创新，让他们更加乐于为公司发挥才智，并不断增加奖励项目和加大奖励力度，仅是 2013 年，员工们就从中领取奖赏达 2320 多万元。新明珠员工的工资水平在同类企业中并不是最高，但员工们对此并不介意，他们在乎的是公司的整体“分享”，加上各方面的福利，这些是别的公司比不了的，还有新明珠在社会上的名声好，员工更有尊严、价值，同时大家都有一个深信不疑的信念：在这儿，只要干得好，就会加薪。员工们从不担心做了什么贡献却得不到肯定。他们的薪金跟岗位、职务、工作表现与业绩直接挂钩，而与工作时间与学历并没有必然联系。在企业取得较好经济效益的同时，员工福利待遇逐年见长，仅 2013 年，员工工资总额就增加了 6000 多万元。每年由企业支出给员工的旅游费、文娱活动费、发放员工生活补贴、节日礼品费、员工春节福利、改善伙食和住宿环境、增加娱乐设施等费用相当可观。企业与员工关系和谐，就像一个温馨的大家庭，所有成员都本着一颗感恩之心在企业生活和工作，人人遵纪守法，团结协作。从而使得新明珠这个员工超 20000 人，外来工占 85%以上的大型企业一直保持着稳定的员工队伍，并不断发展壮大。员工们说：“在新明珠，我们内心充满着对叶董事长的尊敬，充满着对企业的亲切感，找到了归属感，我们为自己是新明珠的一员感到自豪。”

让员工认同和感知工作的意义，在企业中找到自己的舞台和实现“新明珠梦”。叶德林懂得，人只有在相信自己做的事是有意义、有价值的时候才会产生热爱和动力。他把工作的意义，作为员工的另一种“福利”和“待遇”，这是无形的精神待遇，却能促进员工自身的增值。一个好的企业品牌或企业形象，会给每个员工带来许多的益处：积极向上的敬业精神，以及由此产生的归属感、成就感，参与一项光荣事业的荣誉感，这些都是员工的一大笔精神财富。新明珠作为“广东省优秀民营企业”，社会品牌好，声誉高，而作为本企业的员工，自然脸上有光，一荣共荣，找到了自己的舞台，觉得从事的事业很有奔头，获得了认同感和归属感，因而为之自豪和快乐。从一名分级员成长为一名车间主任的黎爱好在《新明珠》报上发表心声：“父母生养了我，新明珠培育了我。我要感恩，我会铭记在心，我会用积极的态度和务实的行动，为创建百年新明珠奋斗一生。新明珠的日益壮大，让我们昂首挺胸，无比自信。我为自己是新明珠人而自豪，就连我那还不懂事的孩子在为他的朋友介绍妈妈时，也因妈妈在新明珠工作而引以为豪。小孩子的得意感和优越感，让我感到肩上的担子更重。我要积极进取，绝不辜负新明珠的培育之恩。”

第七章

“德”让合作者满意　大家赢才是大赢

——“协和万邦”让新明珠如虎添翼

第一节
同行如友国，对手成联手

中国生意场上有句古话，叫作“同行如敌国”，说的是把从事同一行业的人，看成是敌对关系。

素有高尚德行的叶德林却从没有这样的念头。他说：“任何行业，都要有众人合力，才能做大做好，你把自己的心放平放正了，志同就会道合，就不怕什么同行的，反而会把同行当成同道中人，当成同学、朋友了。因为同行是和你做一样的事，众人拾柴火焰高，同行齐心力量大，大家好才是最好。”

这无疑是一种大德、高德。

其实这也是叶德林做人的“本质”。

广东佛山被称为南国陶都，是全国最大的陶瓷生产基地，从事陶瓷生产、销售规模较大的企业近千家，作为同行聚集最多的地方，按传统的陈旧观念，同行如敌国，自然是竞争最激烈、最倾轧的，老二希望做到老大，老三也梦想做到老大，有歪念的人总想把别人踩下去，以独霸一方。

但叶德林就不是这样想的。他开始选择进入陶瓷行业，是因为看好家乡这个行业有发展，有这么多同行结伴一起做事业，这里有一群志向相同的朋友，证明这个事业有希望，也就是“地利”和“人和”都符合。后来在回答记者有关这个提问时，他还一再强调：“新明珠的发展，40%得天时，30%得地利，30%得人和。”所以，他抱着一种要与同行结伴同行的良好心态，从一开始上项目，就放下身段拜前辈为师，虚心向前辈学习，借鉴同行经验教训，尊重和诚意对待同行们之前做出的贡献，与同行一起共进退。

图 7-1 叶德林担任中国建材品牌发展联盟主席

改革开放后，佛山市最早在全国创立了区域性产业经济，各区镇充分发挥自己的优势，很快就形成一批专业生产基地区、镇，譬如陶瓷、家用电器、铝材、纺织等，聚集“一镇一品”或“一镇几品”的行业优势，“同行”竞争特别激烈，更不用说要面对全国或国际的同行了。佛山是全国陶瓷行业大市，上规模的陶瓷生产企业近千家，而引领佛山陶瓷界地位的几个大企业，被学界划分为代表几个不同的“时代”，新明珠在进入创业15个年头时，产销量达到全国第一，已成为业界的“老大”，因而被誉为“新明珠时代”，这时，社会上有个流传的说法，说是前一个“时代”即“旧老大”与“新老大”（新明珠）产生不和，“旧老大”不服气“新老大”，“新老大”也看不起“旧老大”，两个企业的老板坐不到一条板凳上。事实上，这只是人们出于世俗的猜想，现实中却绝对没有这事，因为凡是熟悉叶德林的人都知道，他一生与人为善，乐于交友，乐于助人，是公认的“没有敌人”的人。他说：“我们同行同市，同声同气，同心同德做事有多好，总比你单打独斗强吧，独食是有限的，做不长久的。”所以，进入佛山陶瓷“新明珠时代”的叶德林，在同行中始终坚持自己的本色，荣辱不惊，一如既往视同行为同道之友，携手同行。当他统领的新明珠成为同行公认的“新老大”之后，就在别人猜忌他也将如何像世俗所说的那样打压“旧老大”或同行时，叶德林已凭借一贯在业界的良好形象，被众人和地方政府推举为佛山市禅城区工商业联合会（总商会）主席、中国陶瓷工业协会建筑卫生陶瓷专业委员会会长，他以自己的大智大德，不带半点陈旧的观念，没有任何架子，还是以同行一员的身份，尊重同行，诚待对手，协同合作，主动团结和带领同行一起把中国陶业做大做优。

随后，叶德林有两件事情在佛山被传为佳话。

一是乐意和“旧老大”一起合作开发大项目。说的是佛山某陶瓷大企业在外地搞了一个3000多亩的房地产开发，后因投资分散，资金紧缺，难以为继，正在着急发愁之际。于是，有人试着联系已经成为目前行业老大的叶德林，没想到，他二话不说，竟然立即伸出援手，乐意接受对方共同合作开发的邀约，爽快地同意联合开发，共渡难关，很快救活了市场，并创下不俗的业绩，真正达到多赢，让同行们赞叹不已。正是：同一个目标携手共进，同一个梦想合作共赢，促进同行合作，共享发展新机遇。但有些人对此还是想不通，都说一山难藏两虎，怎么这些对叶德林来说，竟然就不是一回事了？可见，叶德林做人的大度和坦荡，像这样与同行同心同德的人，把世俗认为的“竞争的死对头”，都乐意当朋友出手相帮，这样不赚大钱才怪。

二是把该得的荣誉拱手相让给对手。那是叶德林还是禅城区总商会会长时，曾有人议论某个副会长单位似乎不服气，还有人猜对方在暗中使“歪劲”。但这些却一点儿也干扰不了叶德林的为人准则，到年底首开庆功年会时，叶德林却把会场放到这个副会长单位去，组织全体会员上门相互学习交流，还请这位副会长上讲台去推广自己，介绍企业管理经验，让对方“出尽风头”。这样一来，不只让那些影响同行的“传言”迅速消除，也使大家更团结在这个有大胸怀的带头人身边。随后，叶德林还做出了让所有人都难以置信的举动——在新明珠集团某个最利好的数十亿元项目建设上，本来只是他的独家“生意”，完全可以独食的，而且也没有资金缺口或其他不便条件，但是，叶德林却力邀这个副会长单位一起合作开发，拱手把白花花的银两分给“竞争”对手。记得这个项目签订的那天，叶董事长还高兴地亲自给笔者打来电话，电话那头传来他与人分享成功时的喜悦，他是真心做到同行如同学，同行如朋友。有人说：这样做是要很高智慧的，也是一种最高境界。但叶德林认为这本来就很正常。

图 7-2 叶德林（右四）与 17 位行业领导、嘉宾共同启动中国陶瓷中央商务区暨华夏中央广场合作项目

经过了市场经济这只“无形的手”的调控，活跃其中的商家们自然深得“成行成市”的经营之道。只要你消除了“同行如敌国”这一陈旧的观念，以开放的姿态投入市场，学会在对手林立中，借用他人已有的力量和影响为己所用，这样做可以省时、省力，成功率高，能达到双赢或多赢，何乐而不为。

叶德林不仅用自己正直的行动为同行树立榜样，还积极发挥自己作为同行领头人的作用，多年来不遗余力地组织同行相互合作、相互帮助、相互提携、相互取暖、相互促进等多层面的活动，比如组织全市同行进行“采购”年会，实行利益共享，每次成交总额都高达20亿元以上，大大受惠于本土企业，以至全国。

第二节
让合伙人有钱赚的生意才做

叶德林为人心胸宽阔，眼光长远，做事讲求利人利己的互惠原则。他说一直给自己定下这么个规矩：谈到合作，我最看重双方的价值观，做事的方式态度是否一致，有了这个前提，凡是准备和人家合作一个项目，我再三考虑对方有无得赚，能赚多少，合不合算，因为谁都不会和你做蚀本生意，如果对方没钱赚，就合作不下去的。一定要让对方有利可图，大家才可以谈合作，合作起来才会利益共享，也就是双赢。

有房地产开发商找到叶德林，一同开发某个地产大盘，其实这时新明珠已拥有自己的房地产公司，在对待这件事上，叶德林是这样表述的：我考虑到，对方已是很有实力的地产公司了，他们邀我们合作，那是看得起我，那么我就不能让人家失望，我首先这么想，他们找上我，自然是希望从我们共同合作中找到最大利益，而我们能给人家多少利益，才能顺利合作呢？我先让对方开出条件，然后大家公开公平评估、分析、预算，我还是要看看对方能有多大利益，当对方满意了合作条件后，我才考虑自己从中得到的利益，甚至不惜降低自己的一些条件，

图 7-3　叶德林在“新明珠杯”高尔夫球邀请赛上致辞

图 7-4　2016 年 3 月 23 日，叶德林当选南庄陶瓷产业促进会第一届理事会会长

以保障对方的利益，当然，这是立足于自己也有得赚的前提下。这样，对方就很满意，说是本来你肯合作就帮大忙了，但你还是考虑我这方的利益，能邀上你这样的合作者，真是最稳妥最好的了。后来，我们之间合作起来一直非常好。

现在，与新明珠集团合作十年以上的国内外企业，至少有6000多家，长年合作的则不计其数，大有"协和万邦"之势，这显然是叶德林"要让合伙人有钱赚的生意才做"的价值观的最好体现。

广东科达公司是我国陶瓷机械行业综合实力亚洲第一的上市企业，科达与新明珠建立全面的合作关系是从1996年开始的，1998年新明珠从乡镇企业转制，科达公司有一笔应收账款挂在账户中。当时别的转制企业会利用"改制之机"抹掉或者"打折支付"，但新明珠却没有这样做，叶德林表明：合作方在账户上的应收账款，只是因为企业转制拖延一下，后面不管谁来接手，我们都会一分不少结清的。果然，转制工作一完成，叶德林和股东们接手，首先下达的指令是把来不及付账的款项分批分期结清。科达公司有关负责人后来对笔者说："这事让我们很感动，我们最初合作，就是认同一个价值观，这么多年来坚持不变，科达和新明珠现在成了两个领域的领军企业。我们能建立起和谐合作的原因之一，就是两者都抱着诚信诚意，要让合作方有钱赚，发展企业造福社会。科达自成立起就把做有责任感的社会性公众企业作为自己的目标，现在成了一个置于社会公众监督之下的上市公司；而新明珠在企业发展的过程中重点强调企业的社会责任，高调提出拒绝污染建设花园式的企业，致力于投入资金研发天然气代替水煤气，强调把企业建设成员工温馨的家园并狠抓落实。科达与新明珠两者都具备了掌握趋势、与势同步的能力，这些相同的特质，使我们之间不仅是生意上的合作伙伴，更是志同道合的良朋知己。”

现时，跟随新明珠一道从业的全国各地的新明珠500多个供应商和5000多个经销商中，年销售额在亿元或千万元以上的合作者，已是一支长长的队伍，他们中不少还是新明珠创业初期结识并一路风雨相伴的，也有不少是中途结缘之后携手共进的，大多是一旦合作开来，就再也舍不得离开的。说来原因其实很简单，叶德林提供的这一“产业链”，维系了遍布全国各地的“新明珠经济共同体”，携手这一庞大的队伍与自己一起共荣共赢，而大家几乎都是一致认同和欣赏叶德林的“合作观念”，并打心眼里佩服这位好人老板，所以乐意跟随，同舟共济，从而结成了今日这个庞大的利益共同体。

叶德林一向主张“有钱大家赚”，在稳定早期的批发商和分销商的同时，还把大片区经销商的培植作为区域销售主力，从早期互相之间单纯的即期买卖关系，变成一种长期合作的伙伴关系，互惠互利，共存共赢。同时，他主张让经销商在“卖”新明珠的产品时，甚至赚得比新明珠还多，他认为只有让这些销售高手们又好又快地“卖”出新明珠产品，才能促进新明珠

图 7–5 叶德林荣获传媒推崇领军企业家奖

的生产又好又快发展。所以，连续 10 年获得“中国优秀陶瓷经销商”称号的上海双彩建材公司胡总曾用“两个凡是”来表明自己与叶德林合作的满意：“凡是跟叶老板交往过的，都很认好这个人；凡是跟新明珠合作过的，都很乐意做下去。”“要说我事业上最成功的，就是拥有一个成功的合作伙伴和品牌，我是托冠珠陶瓷的福，学到了新明珠老板的做人做事风格，才走出今天这条路子的。我们厂商双方合作非常愉快，非常成功。”

佛山市兴悦公司与新明珠合作至今已有 23 个年头，是新明珠最早的供应商之一，霍总在和笔者谈起合作一事时满意地说：“我敢表明，我是被叶董事长的人格魅力吸引住的，跟他合作，是我一生的荣幸，不光是赚了钱，还学到了如何做人，学会多为对方利益着想。比如，在与新明珠合作条件的约定中，我们特地加上一条：凡是在广东范围内无论路程、无论时间，兴悦公司供货都是统一价格，而且合同签订后，就算石油价格升降迫使泡沫原材料大幅升降时，供给新明珠的泡沫塑料包装价格也绝不会发生任何变化。有记者问我为何会这样让利，为何肯吃亏，又为何如此信任新明珠，我说：在我们双方20多年的合作过程中，新明珠都是为我们想得最多的，还从未发生过一宗货款拖延或打折的事，我信任新明珠，信任叶董事长，我们与新明珠的合作，已远远超越单纯的金钱利益关系。”

说到金钱利益，自然联系到银行。叶德林从企业经营的角度出发，并不把企业与银行之间看作是单纯的业务往来关系，只把对方当作业务上的“同道者”，让双方的利益紧紧联系一起。对于目前旗下已拥有三大集团、三个千亩以上跨省产业基地的大型企业新明珠来说，银行已经不仅仅是作为一个金融的合作伙伴，更多的是一个战略的合作者。在短短10多年中，一家集体小厂蝶变为中国建陶业“航母”，新明珠企业需要的运转资金与合作银行的支持是密不可分的，而银行在与新明珠的合作中，发挥了重大的作用，而不断壮大的新明珠也给银行带来了巨大的效益，彼此守诚守信，相互支持，共同盈利，合作稳固。记得2008年冬，笔者曾陪同叶总吃过一次“招待宴”，那是某银行新上任的行长，也想通过“傍着叶总赚钱”，席间诚恳提出，请叶总向他们行多贷点款，支持支持他这个新行长的工作。像这样的“待遇”，对于那些时刻需靠融资来搞活的企业来说，是不是令人难以置信。在某银行做了20多年信贷的一位女科长，由于业务上接触多，亲身感受叶总这个“优质客户”的好，“慕名”已久之后，竟然辞职投奔到叶总麾下，乐意到新明珠效力。笔者在问到她为何舍得这样选择时，她说：“所谓良禽择木而栖，贤臣择主而事，我想我是被老板的为人折服了，所以听从内心的选择，后来证明我真的是选对了。”

由此可见，叶德林坚持的“让合伙人有钱赚的生意才做”的经营理念，自然能争取到更多的“同道者”前来聚集、合作，而因着“同道者”品行的“共识”和相通，正所谓：惺惺惜惺惺，英雄识英雄，道之相同，适之为谋。双方都本着“利他”的做法，从而达到“利己”，如此正道、正气的挣钱观念，彼此互为互利，互相影响，尤其是对方通过从叶德林身上学到的这些优良德行，随后也乐于再传承给下一个合作者，如此一来，这和衷共济的商业道德风尚，便能春风化雨、润物无声般地蔓延开来，利众无穷……

第八章

“德”让社会满意　厚德载福得天下

——“道德投资”成就新明珠社会品牌

第一节
道德投资：做造福人类的企业

“做房地产当然也要生存，也要有利润，但不能有暴利。要想着为老百姓谋点福利，要得到大众认可，这样大家才看得起我们，才买我们的房，我们的事业才能做长久。”叶德林在让新明珠介入房地产业时，曾向自己的团队特别强调了这一点。

叶德林坚持认为：做有良心的人，做有道德的企业，才会把事业做稳做大，而把事业做大了，才会有益于当地人民和经济的发展，才会更好地维护社会的稳定，比如说解决了税收问题、收入问题、就业问题等，才有能力去做更多的慈善公益事业，帮助更多有需要的人，造福百姓，以德报德。

我们必须正视，眼下整个社会道德的严重下滑，正是由各行业从业者对职业道德的漠视和失守引起的。正所谓官有“官德”，商有“商德”，医有“医德”，艺有“艺德”等，而该讲的职业道德不讲，做官的什么权力都敢寻租变现，经商的什么假冒伪劣产品都敢兜售，医生不给红包就胡乱开药……最基本的道德底线都不遵守，就会造成“互相伤害、互不信任”，从而让全社会为此付出沉重代价。

图 8-1　叶德林（右二）为嘉宾介绍新明珠投资兴建的中国陶瓷中央商务区及华夏中央广场工程进展情况

在为国内某些企业道德缺失问题感到痛心的同时，我国领导人在纽约联大会议上向全球企业界发出了呐喊：“企业家不仅要懂经营、会管理，企业家的身上还应该流着道德的血液！”国家领导人在公开讲话中至少五六次谈到了亚当·斯密的《道德情操论》，提到了“道德人”的重要性。亚当·斯密指出，“市场经济就是道德经济”，如果追求金钱名利超出对智慧道德的追求，整个社会就会产生道德和情操的堕落，公正性原则就会被践踏，没有公正性也就没有了市场经济。因此，作为一个“经济人”，企业家追逐利润、讲求回报固然无可厚非，但其行为一定要遵守最起码的社会道德。从本质上看，人类的经济行为与道德行为是统一的。一方面，经济是道德的基础，经济人是道德人得以产生和完善的前提；另一方面，道德人是经济人顺利获取利润的保障。只有在良性运转的市场经济秩序中，经济人才有可能获取自己的利润。维持和调节市场秩序的手段，不外乎法律、政策和道德等，其中道德是法律和政策顺利实现的基础和保障，没有市场主体的道德自律，法律和政策也不可能发挥真正的作用。经济主体必须协调自身的经济人和道德人双重角色，借此实现各种经济行为。正如诺贝尔经济学奖得主米尔顿·弗里德曼所说的：读了《道德情操论》才知道：“利他”才是问心无愧的“利己”。

叶德林是佛山总商会会长，佛山又是一个商业化、企业化的中国南方城市，同道中有美的、碧桂园、格兰仕、兴发、万和、志高等数万家珠江三角洲赫赫有名的大企业，大家推举他为总商会头领，看得出他在同道人中的德高望重，也就是注重他做人做事的“道行”。所以，作为带头大哥的叶德林，在保持一贯良好本色的同时，对自己和企业的要求也更加严格，他说自己不会刻意去做什么道德楷模，也不敢奢求别人按自己的标准做什么，但他对自己做人做事坚持要有原则，有底线，有约束，所以他要自己和企业的一言一行都必须有“道”有“德”，而且还要在“道德”修为上持之以恒，不断净化、提升，就像生意上的资金投入一样，不断地修德、积德，做好自己，从而永远保持优良的品质和德行，持续不断地给自己和社会带来正能量，尽自己的能力给大众造福，这样做企业才是走正道，才会得到大众的尊重和接纳，自己才安心安乐。

19 世纪美国哲学家梭罗说过一句很有影响力的话：“德行善举是唯一不败的投资。”叶德林不一定听过这句话，但他心里却明白这个道理。在“企业道德”的投资上，不管是大项目或是小投资，叶德林都坚持从决策时就开始着手，也就是用德行善举的标尺来把持“做什么和怎么做”，他认为这是做企业的第一个重要环节。譬如，在创建新明珠第一个生产大基地——三水陶瓷产业园时，若是用传统生产要求来布局，建好这个 30 条陶瓷生产线厂区，短期环保标准过关不成问题，能减少投入 8000 万元左右；若按国际高标准绿色环保体系标准要求，日后会有长久的生态环境保护效益，但需要大大增加投资成本，这对同行大多数企业来说，可能都会选择第一种方案，因为一个企业要生存，投资项目必须考虑比较成本和效益的问题，况且，从环保角度来说，短期不会造成多大污染，就是有污染也不在投资者居住范围。但叶德林就不是这样想，他选择的是第二种方案，他首先要的是“道义”而不是“功利”，注重的是德行善举，他说做任何事，都要对得住“天理良心”，短时期过得去，并不能掩盖随后的“不道德”，想想你自己或亲戚朋友就住在周围，日后你会安乐吗？会睡好觉吗？所以，叶德林毅然砍掉了三条生产线的投入，多花了 3 亿元来做环保，就是推迟几年盈利，也要做一个对大众有益的企业，要造福当地社会和人民。他知道这样的投资“才是唯一不败的投资”。

图 8-2 广东省陶瓷行业推行清洁生产现场交流会选定在新明珠集团举行

图 8-3 叶德林（左二）在“新明珠杯”高尔夫球邀请赛上

叶德林在“道德投资”上一直很讲究，也就是非常严格地要求自己，他一向拒绝与那些“见钱眼开”的小老板为伍，最痛恨那些昧着良心赚钱、不择手段、不顾后果、欺骗或变着法子“捞钱”的缺德做法，他坚持做企业做项目的定位是：只有对人民有益的、健康的项目才做；若是对人对社会“不健康”的，哪怕一天赚千百亿元也不做。所以，他曾被同行误认为做事有点固执死板，太过老实，但他却始终不以为然。他一心只做他熟悉的陶瓷行业，专心致志，心无旁骛，从集体到民营已做了 13 年瓷砖生产之后，他才让新明珠介入“卫浴洁具”业，而这个也是属于陶瓷产业链的一环，更是结合市场发展需要和产业规模化经营的需要才这么做的。他说做企业不能见到什么能赚钱就做什么，一定要有赚钱的底线。乃至在把新明珠陶瓷产业做专做大之后，才把事业的圈子加大力度拓展，让新明珠涉足房地产业、红酒业、酒店业、高尔夫产业，而进入这些行业，都是充分听取集团决策委员会成员的意见，经过反复论证，并符合他“规定”的道德底线，也就是以“只有对人民有益的、健康的项目才做”来衡量后，才正式进入的。当然，新明珠集团在进入每个新的行业后，都沿袭了企业道德的优良传统，流淌的都是良心、诚信的道德血液，从生产到营销的所有经营管理活动，都置于道德的约束之下，绝不会唯利润论英雄，在追求财富积累的同时，不断追求道德自律的积累、超越，从而把新明珠企业带到一个道德企业的最高境界。

功为善行，德为善心。心行合一，名为功德。叶德林自觉用心努力行善，通过行善来积累自己的德行，这也是对“德”的源源不断的“投资”，这就是做功德。

第二节
责任投资："做企业就是做责任"（一）

一个人的价值是通过他对自我、他人、集体、社会的合理需要的满足和贡献来体现的。一个老板能带领企业创造出业界发展史上的佳话，这种动力和智慧并不单纯来自于要体现个人的价值，而更重要的是来自于其对社会福祉的责任心。

听听叶德林的肺腑之言："如果做企业只为自己生活好过，那我20年前就够了，但不能这样，你既然做开了，还有这么多人跟着你一起，那就不光是你个人的事了，你得为大家负责，为社会负责，先把企业做好，然后尽一个企业应尽的责任义务。我们虽然做不了什么道德模范，但我们会尽力往这方面去靠，做有道德的企业，受大家尊重才好，受社会承认才好。如果做企业的人都能够做好自己的事情，承担起责任和义务，那对于社会进步就有很大帮助。所以我讲，做企业就是做责任、做义务。"

这也可以看成是叶德林为何一直能在社会上正确立足，并得到大众尊重和爱戴的最好注脚，这也是他本着"利他"而不是利己的处世哲学做人的写照。

《论语》中有这样一段话：有一天，孔子对他的弟子说：

“你们做了别人下级的，或者将来想谋个一官半职的，今天我要告诉你们一个道理，关于怎样才算一个称职的下属。服侍一个国君（领导），你们首先要对他负责，要懂得为他分忧，而不是先想到自己的衣食问题。”

美国总统肯尼迪在竞选时说的一段话和孔子的说法也有异曲同工之妙：“不要问国家给了你们什么，而要问你们为国家做了什么！”就这句话激起美国民众的爱国热潮，每个人都在积极地争取为国家多作贡献而不是索取，这也是对责任的一个解释，作为这个民族的公民，你必须为它尽责和效力。

图 8-4 2012 年 5 月 7 日，叶德林陪同佛山市政府领导在新明珠集团调研

图 8-5　叶德林陪同中国建筑卫生陶瓷协会会长叶向明（右）参观新明珠丽铂卫浴新产品

事实表明，企业在社会责任方面的积极参与，不仅有助于增加整个社会的福利，而且有助于企业可持续发展。这是因为企业的积极参与有助于员工树立正确的人生观、价值观和责任意识，有助于增强团队的协作能力，同时，企业履行社会责任所表现的人文关怀和服务又会无形地渗透到企业经营的每一个环节，成为企业道德建设的重要组成部分，让员工置身于一个富有爱心和责任感的环境里，会增加他们的归属感、自豪感和荣誉感，从而增强企业的凝聚力。因此，在如今这个越发重视企业社会责任的时代，企业的领导人更应该身先士卒，不仅在观念上先行一步，放弃那种“只有使对方输了我们才能赢”的传统想法，继而树立“双赢”、“多赢”的新观念，而且在行动上也应成为企业的垂范，除了自身努力成为一个“有道德的领导人”，还要努力将自己的企业锻造为一个“讲道德、有责任的企业公民”，努力对社会承担相关责任。一个优秀的企业一定是一个勇于承担社会责任的企业，也只有承担了这个社会责任，才能够得到公众的最终认可。

叶德林在进入建陶行业后，就自觉地让企业肩负起社会的责任，自己则在努力践行一个“企业公民”的社会责任，走好向前发展的每一步。

陶瓷行业一直被人们习惯认为是高污染、高能耗的行业。叶德林觉得自己有责任改变人们这一印象，更主要的是同时可以促进社会的进步。于是，从办第一个厂开始，他就把治污、降耗看作和经营生产一样重要。新明珠一厂是全佛山第一家推出物料仓储盖顶等环保创举的企业，第一家在南海市通过环保合格认证的企业。随后建成的新明珠三水工业园、禄步工业园及江西高安工业园三大园区，全部成为行业清洁生产、循环经济模式的产业园。

叶德林始终坚持认为，企业是回报社会而不是损害社会的，若企业行为有损大众于万一，都不是好企业。所以，他舍得花大气力、大投入、大手笔，拿出比别人多数倍的投入购置国际最先进的设备和改造设施，从而创造出一个目前国内独一无二的省级清洁生产企业，为中国乃至世界建陶行业树立了一个典范，为人类的文明生产作出了重大贡献。

在当地，人们都在传颂着叶德林“2000万元种树”的故事。在计划三水工业园第一期工程经费开支时，叶德林毅然把已经定好了的一条生产线“切”掉了，改为工业园植树绿化和环境建设费用。这在集团决策委员会中引起了很大争议，多数人认为，建厂的目的就是增加生产线，扩大生产，增加效益，而花这么多钱去造环境，搞绿化，不是企业行为。但叶德林还是说服了大家：“我同样心痛手上有限的经费，我也知道多建成一条生产线，多出一份经济效益，但我们不能光看一时一事，要看长远利益，更要看企业的社会效益，企业行为首先要对得住社会，挣钱才心安理得啊！”于是坚持把一条生产线的费用用到了种树上去。为打造这个9万多平方米的园林式工业园，额外投入了8000多万元资金。

从随后的结果来看，叶德林用行动告别了“只有污染的老板”，创立了“没有污染的企业”，承担了一个企业的社会责任，留住了一片青山绿水，提供给员工一个干净舒适的工作环境，实现了企业与社会的和谐共处。而更令人欣慰的是，由于生产设备和生产环保的优化，大大降低了企业的生产成本。目前三水工业园每年节约标准煤3万多吨，处理废水6.6万吨，进行再利用的费用还比实际大量使用工业水源便宜了许多。而每年处理固体废物2万多吨，减少二氧化硫排放量约110吨，减少粉尘排放约30吨，压滤泥、水煤浆渣、废品砖等“变废为宝”后产生了一连串经济效益相当可观。反过来，每年为集团每个基地可节约数千万元的开支。这也应了“有舍才能有得”的哲学命题。

企业是社会重要组成部分，是企业公民，应该遵从社会道德，遵守行为规范，承担企业社会责任，那些试图采用非常规手段占社会便宜的企业或人，最终一定是什么也得不到的，是要被民众唾弃的。叶德林带领新明珠“企业公民”所尽的社会责任，得到了社会各界的广泛支持和好评，但他并不满足，总是时刻提醒自己要继续做好。在2014年新明珠三水工业园环保工作现场办公会议上，叶德林向企业成员发出了“打造百年新明珠，实现强国梦”的呼吁：“我们要群策群力，责任到人，全力以赴，力促清洁环保生产再上新台阶。不管政府有没有明确要求，我们都有责任与目标，一步一步做到甚至超过欧洲及日本的陶瓷企业那样的环保标准，既对社会环境负责，更要对我们的员工健康负责。把新明珠建设成政府满意的企业、社会满意的企业、员工满意的企业，确保我们百年企业梦想顺利实现！”

进入新世纪，叶德林的三个儿子叶永楷、叶永锋、叶永键先后学成归来，各自在企业内某一领域找到自己喜爱的事业，担负起一份要职，并各显神通，各领风骚，“叶氏商业世家”已初步呈现群雄并起的喜人景象。多年来耳濡目染父亲叶德林的良好品行，三个儿子都自然而然传承了叶氏家族的优良“家风”，特别注重“社会公民”的责任和担当，在当地民众中拥有很好的口碑。最早跟随父亲创业的长子叶永楷，经过10多年的商海磨砺，已成长为新明珠集团副总裁、萨米特陶瓷集团总经理，成为广东省“80后”青年企业家中的翘楚，其继承了父辈优良传统的品德，深深得到社会和大众认可，被共青团广东省委、省工商联推举担任广东省青年企业家联合会首任会长，他第一个提出用“创二代”代替“富二代”的命题，就受到时任省委书记汪洋的肯定和表扬。他曾和笔者长谈过父亲对他的人生影响，他说自己最佩服的人就是父亲，还有爷爷，他说：“我父亲做人很坚强，很有积极进取精神，重要的是他是一个很有社会责任感的人。他经常教导我：做企业就得承担起社会的责任，要做到造福一方；做人要做社会尊敬的人，做企业要做社会尊敬的企业。”2014年3月16日，在广东省“领航100”南粤菁英智慧对话暨诺贝尔经济学家中国峰会上，叶永楷和大家分享了他参与父亲创业的心灵经历和个人的价值观，其中有这么一段话：“我认为责任心是最重要的，不管对于新生代的企业家还是老一代的企业家，责任心都是最重要的。有责任心的企业家才会负得起责任，担当起时代和企业全体员工给予他们的希望和期待，一个企业将员工视为自己家人并对员工家属的未来及生活担当起责任、对他们顾客的价值的实现担当起责任，他才可以获得员工的信任、获得市场的信任。我们集团目前有两万多名员工，解决两万多人的就业，让两万多个家庭受益。所以我们义不容辞，责无旁贷，要努力再努力！”

作为广东省“创二代”青年企业家代表人物，叶永楷传承的正是父亲叶德林倡导的中国企业家的德行和使命，履行的正是一个新时代中国青年企业家的责任和义务。我们高兴地看到，他和他的兄弟这些新明珠企业的新生代，正在把叶氏的高德正道发扬光大，生生不息，这也代表着我们这个民族的未来和希望！

第三节
责任投资："做企业就是做责任"（二）

"一个负责任的企业，不仅要赚钱，更应注重承担社会责任，对社会多做贡献，追求更高的价值目标。"叶德林经常这样强调。

他执意要把新明珠集团作为履行社会责任的一个"龙头"企业，在佛山乃至广东尽到了一个"企业公民"的义务和责任，在全国各地的众多公益慈善活动中，我们都能看到他带领着新明珠人留下热情忙碌的身影。在佛山市，新明珠坚持承办赞助当地多项公益事业，带头捐资、捐物兴建佛山南庄镇敬老院、福利院等，发起承担捐助禅城绿化建设和政府公益事业，10多年来主办南庄镇一年一度的龙舟赛，赞助并主办三水区白泥镇龙舟赛，赞助并主办江西高安市各类大型公益活动，赞助并主办佛山市政府各类大型公益活动……每年资助善款不少于600万元。

企业为社会尽责、为社会贡献，叶德林一直遵循这一宗旨，他总是身体力行，从我做起。南庄的陶瓷企业多，被认为污染大，环境不好，但在叶德林等一批有责任心的企业家的积极努

图 8-6 新明珠集团赞助每年一届“南庄杯”全国五人龙舟锦标赛

图 8-7 肇庆市政府领导向新明珠陶瓷集团董事长叶德林赠送纪念品，对新明珠支持赞助肇庆市龙舟大赛活动表示感谢

力下，这儿的环境发生了翻天覆地的变化。早些年，不少人搬离南庄到佛山市区等地去定居，以逃避污染，而叶德林却一直驻扎在南庄，他说自己兴建5次新居，一直都没离开南庄，南

庄的生活环境这些年已越来越好了，这儿已成了一个优美的宜居宜商的水城，他更乐于在南庄安居乐业。每天早上，还坚持在家门前的吉利河中畅游，他说我就是要带好这个头，这儿是我们的家园，我们不光有责任建设好它，还要守护好它。

叶德林是一位企业家，经营企业是他的事业，但他还把从事公益慈善事业、做好人大代表和禅城商会工作作为自己另外的三项事业，他从没有利用自己的社会影响力去图利，而是去带好一个头，为百姓做点实事、好事。他把做好这三项事业说成是“尽点本分”。

在新明珠三水工业园属地，叶德林第一个为当地农户设立养老金发放制度，给予60岁以上的长者终身生活保障，每人每月都可以领到一份敬老养老金；在肇庆禄步工业园属地的白土一村和二村，也同样设立养老金发放制度，每年发放金额达数

图8-8 “同舟共济、携手同行”，新明珠员工踊跃捐资援助四川汶川地震灾区

百万元。受益者达 800 多人。

2008 年 5 月 12 日汶川发生大地震，叶德林心系灾区，立即在集团内成立赈灾募捐小组，向旗下各企业发出“同舟共济、携手同行”募捐倡议书，号召全体新明珠人踊跃向灾区父老乡亲伸出援助之手。17 日，在捐款动员大会上，叶德林为鼓励员工多献爱心，承诺以个人名义，按全体员工捐款总额的一倍追加捐款。当天，向中国红十字会捐款 220.9 万元，其中员工捐款 40.3 万元，叶德林个人捐款 80.6 万元，集团公司捐款 100 万元，是当时佛山市陶瓷企业赈灾捐款最多的一家。

近年来，新明珠在全国终端专卖店总数已达两万多家，叶德林则以此为尽责的平台，把每一个合作者都注入了“做责任”的血液，联动全国“新明珠系”之巨力，创造性地推行了多种形式的“公益营销”：组成爱心联盟把新明珠的“爱心”送到贫困山区、学校中去，从简单的捐钱捐物转变成为爱心活动的发起者和尽职者。从 2013 年起，新明珠旗下 14 个品牌自发多行动、多形式参与。例如：冠珠品牌启动“冠爱行动·美丽童行”大型公益活动，在全国范围内选择 20 个城市，甄选 20 位冠珠陶瓷的经销商，一对一帮扶大凉山的 20 所贫困学校，共建 20 所“中国高海拔爱心圆梦图书室”，为大凉山的孩子送去成千上万册图书和学习、生活用品等其他爱心物资；萨米特品牌开展了“爱童行·汇爱心”公益慈善活动，爱心足迹已先后走过长沙、北京、邯郸、宜宾等多个城市，通过爱心拍卖和经销商捐

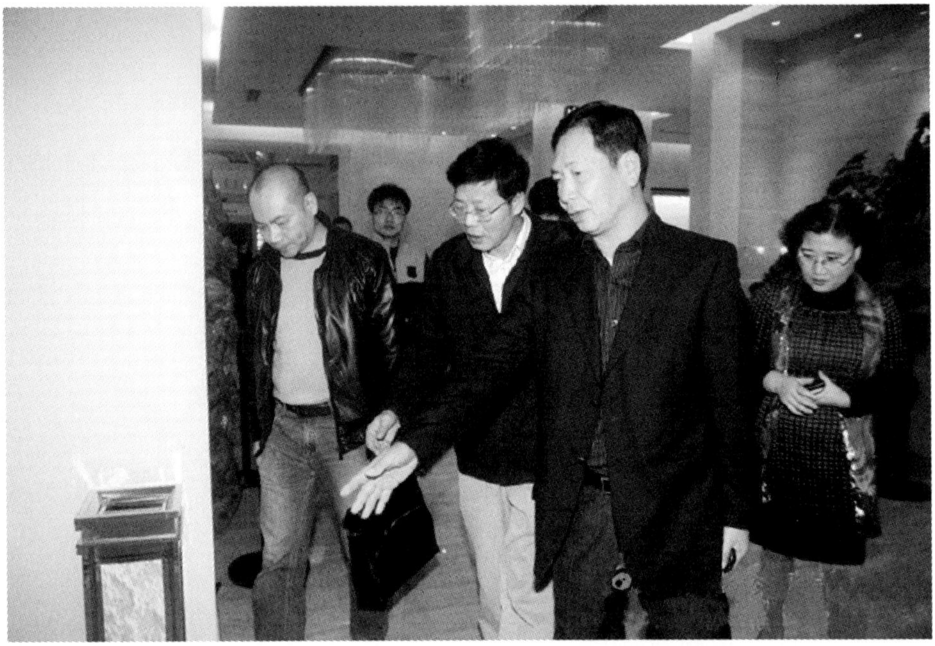

图 8-9　叶德林陪同佛山市政协领导一行在新明珠陶瓷集团调研

图 8-10　叶德林陪同中国建筑材料联合会会长乔龙德（左）参观新明珠三水陶瓷工业园

赠等形式，共举办数十场活动，帮助了成千上万名学生；格莱斯品牌则联合壹基金发起“天使行动”，捐助白血病儿童；惠万家品牌的“大手拉小手·关爱留守儿童”慈善项目更是把产品品牌与社会责任捆绑在一起。现在，新明珠“公益营销”已成为叶德林“做责任”的不可缺少的行动之一，同时也引起了业界的效仿，产生了积极的社会影响和意义。

叶德林在佛山商界德高望重，2007 年被选举为禅城区商会会长，他肩负起重任，积极利用一切商机，充分调动企业家的社会责任和服务大众的积极性，在很短时间内，就把禅城商会办成一个组织本地企业家向社会多做贡献，团结企业家一道创业、共同致富的新型集体，办出了特色，办成了典型，获得了佛山市政府的多次表扬，被授予广东省践行社会主义核心价值观示范商会。

叶德林大胆创新了商会会务职能，从打造企业利益共同体的模式出发，带动和帮助企业家一起挣钱，率先在广东省商界同行中举办“会员企业供需采购洽谈会”，让本会相关企业达到信息共享、资源共用，通过商务洽谈、交流、了解，分享各企业之间的供需利益，也就是让大家彼此做生意，通俗地说是“肥水不流外人田”，使各企业之间生意互补，不用到外地去盲目寻找商机，大家“转一下身”就可以把生意做成。因为会员彼此之间相熟，大家是一家人，不用担心产品质量或信誉等问题，生意做起来更放心、更便捷，效果更好。第一届企业供需采购洽谈会，吸引了48家会员企业360个洽谈项目，签约金额达6.4亿元；第二届500多人参加，成功签约12亿元，同时还增加了团购保险、本市三所院校应届毕业生参与企业人才交流等项活动。会员供需采购洽谈会，也就成了禅城商会会务的一大特色，在佛山地区深受好评和欢迎，致使其他兄弟商会的很多老板纷纷要求加入。上海商会的一位副会长，是新明珠的供应商，他亲身感受到叶会长“从商从政”的人格魅力，恳切要求叶会长“收留”他这个外乡人，就是当个会员也行，在这儿安一个家，以分享叶会长给大家创造的更多利益。

叶德林积极组织商会会员，负担起奉献社会、服务人民的各种责任，对于各级政府的相关政策号令，叶德林总是先以一个企业家的身份积极响应，做好表率，用行动来带动大家，使企业家们学有榜样，做有典范。禅城企业家队伍的思想和行为也发生了深刻的变化，取得了精神文明和物质文明建设的双丰收。

叶德林还组织企业家们走出佛山，开展扶贫济困活动，推动社会和谐发展。商会与茂名电白林头镇塘迳村党支部进行一帮一结对、援助慰问活动，企业家们主动为塘迳村的公益事业出资出力，大大增强了企业家们奉献爱心、服务社会的自觉性和积极性。

2011年岁末，佛山市商界达人齐聚一堂，大伙把德高望重的叶德林拥戴为佛山工商业联合会（总商会）第13届执委会主席。佛山市工商业联合会成立于1953年，至今已走过60多年历程，拥有会员企业47000多家，基层商会组织148家，两项指标均是全省之首，堪称广东商会组织的“老大哥”。从陶瓷行业的“领航者”到佛山商界的“总舵主”，叶德林可谓众望所归。他也把此作为政府和人民赋予自己的一份沉甸甸的责任，乐意临“危”受命，扛起继往开来的重任。他明白，作为中国制造大市，佛山商界的一举一动，都会成为全国同行关注的焦点之一，他是个有着强烈家国情怀和为民意识的人，他坚信黍稷非馨，明德惟馨，“德不孤，必有邻”，所以这些年来，他“已欲立而立人，已欲达而达人”，殚精竭虑，凭“本心”去发挥“本事”，尽最大的责任和义务，以德服众，创新佛山市工商联职能，组织带领工商联团队，为佛山市经济、文化、社会的发展和繁荣，多做凝心聚力之举，多做服务企业之事，多思共同发展之路，多怀积德行善之心，为建设智慧佛山、幸福佛山多做贡献，带好了佛山这支名副其实的“佛心禅性”的德商队伍。

作为佛山市人大代表和政协常委身份，叶德林则把履行好这双重职责作为服务好两份“事业”对待，主张“功成不必在我，建功必须有我”，勇于担当，不辱使命，积极参与各级政府的政务活动，热情向政府有关部门坦陈人民群众的心声，以当家做主的精神，精诚地为人民群众办实事、办好事，为政府分忧解难。他每年都要花费大量的时间和精力下基层、走部门，收集社情民意，掌握热点、难点问题，广泛征询各方面建议和呼声，系统地形成自己的真知灼见，然后写成议案或提案，提交给人大或政协会议审议。在参加佛山市市委书记林元和主持召开的行业发展调研会上，叶德林提出了多个很有建设性的建议，得到书记的好评。在市、区人大和政协会议上提交的《提升禅城区品牌发展的对策与建议》、《禅城区建陶产业发展的思路》等多份提案议案，均受到有关方面的重视和肯定，被评为优秀提案。

图 8-11　叶德林（左二）为中共广东新明珠陶瓷集团委员会成立揭牌

新明珠陶瓷集团党委是全国陶瓷行业首个非公企业集团党委，在成立大会上，叶德林难抑兴奋之情地表示："一直以来，新明珠陶瓷集团都是听党的话，跟党走的，是在党的科学发展观指引下主动实施了产业转移、升级，才实现企业跨越式稳步发展的。我们将以党的十八大精神为指导思想，在生态文明建设，提供生态产品，寻求绿色发展、循环发展、低碳发展等方面继续不懈努力，把新明珠百年企业的梦想与中华民族永续发展的目标有机结合。相信我们一定能够积极应对各种挑战，战胜各种困难，把新明珠建设得更强、更大，为中华民族的伟大复兴贡献一个中国建陶产业链领跑者应有的力量！”

2015 年 11 月 23 日初稿

2016 年 3 月 3 日定稿

后　记

七年前，写完《中国砖王叶德林》一书后，很多朋友问我：叶德林与众不同、最成功的地方在哪方面？我答：以德取胜！

那时，由于业界迫切期待了解这位“中国砖王”的创业故事，我更多的是从“创业史”的角度去展示叶德林率领新明珠团队，如何以其独有的“魔法经营”和超常规发展，创造了业界一个个“中国第一”的纪录，成就了中国建筑陶瓷的一个划时代——新明珠时代的创业历程，也就是从“做事”方面去体现，还未能来得及用更多的笔墨去发掘叶德林在“做人”层面最本色、最可爱、最宝贵的精髓灵魂——以德为人、以德立世、以德兴企、以德取胜的独到之处。为此略觉遗憾。所以，经过一番沉淀和思考之后，我决定将老朋友叶德林的事业人生作为一个“德商”的模本推出，亦算对叶德林先生如何“以德取胜”的一番诠释，祈能帮助更多的中国企业家从叶德林身上学到一点本真的“功夫”，得以更好传承和弘扬民族德商的优良传统，或借此多少可以唤醒中国企业家群体的一点伦理自觉、道德自觉、文化自觉、精神自觉，从而使之“肉体”和“灵魂”都同时找到一个富足完美的生存状态，在同心同德构建和谐社会中完成一次命运的救赎。嗟夫，虽自知此举浅尝辄止，不亦乐乎！

改革开放30多年，中国走上了有中国特色的社会主义道路，并取得了巨大的成功。然而，市场经济的冲击同时也打破了国人的道德价值观，使得今天中国社会的伦理道德进入了“春秋战国”时期——传统的、没落的连同“标新立异”的道德观念混杂在一起，物欲横流，利欲熏心，见利忘义，用越来越多的潜规则来代替几千年来形成的道德体系，用一己私利无休止地冲击社会的道德底线，以至国务院前总理温家宝几次在大会上大声疾呼：“企业家的血管里应该流淌着道德的血液！”专家学者们也渴望和呼吁传统道德回归，全民重建民族道德体系。其实，本人却乐观地发现，伴随着市场经济的无形之手，在广东商界成长着为数巨大的“德商”群像，他们就一直默默地伫立在我们身边，继承和升华着中华民族优秀的传统美德，春风化雨，润物无声，低调为人，踏实做事，不惜奉献，为我们树立了做人做事的榜样，令人深感欣慰和自豪。正如亚当·斯密所言：“随着市场交换的发达，不仅能够积累经济资本，而且亦能够积累道德资本。人们在分享物质产品的同时，也交换分享他们优良的品德。”社会的道德文明程度，我们透过斯密学说的典型实践者西方主要发达国家，可以看到其国民道德水准、伦理意识普遍高于欠发达国家，这也符合人类进化学说或事物发展的一般规律。所以，我们用不着对着“经济市场”冲击下的“传统市场”呼叫过多的“狼来了”或忧心忡忡，因为社会本来就存在着看不见的道德强制，追求富裕之途必定蕴含着道德修炼，优胜劣汰，适者生存，每一个国民在社会化进程中，都会自然内化及外化基本的生活规则，富与德（物质文明与精神文明）将在大浪淘沙中现出真金，人们少不了在积累经济资本的同时，自然而然积累勤勉、节俭、诚实、守约、厚道、正义、公平、慈爱、乐善等道德资本，从而把人类社会文明不断地推向进步。在我国力图建立完善的社会主义市场机制的今天，在广东这个开创市场经济风气先河的大省，我对此感受尤其强烈，同时也信心满满。而作为“殉道者”出现在本文中的叶德林，便是广东新“德商”群英中的一员，也是其中的佼佼者。

岁月易逝，唯德恒远。时令已进入中国传统的“猴年”，而今年正好是叶德林的本命年，是他事业人生的一个“甲子”年，所谓“六十而耳顺”，这是孔子晚年对自己思想历程的总结，耳顺是指个人的修行成熟，听得进逆耳之言，无所违碍于心。其实孔子所言有着深刻的微言大义，忠言逆耳利于行，兼听则明，已抵达人生一大至善境界。那么，进入“耳顺”年景的叶德林，无疑便是进入这一佳境的人生了。于是，我特意选择这一时间写作本书，作为对老朋友叶德林先生六十寿诞献礼致贺，聊表心意，同时我想对社会或许也是会有点意义的。

德高行远，品德高尚者，道行久远也。榜样的力量是无穷的。本书意在把中国德商叶德林最本色的形象向大众推出，假若这样能引起社会的关注和效仿于万一，也就不枉本人一番苦诣了，当然，这亦是最祈望看到的。

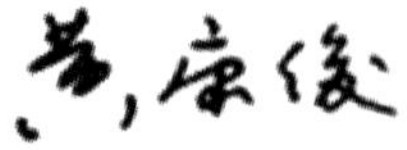

2016 年 2 月 10 日

丙申年庚寅月壬戌日

于广州　阅海屋